E UNIBUS
PLURAM

David Foster Wallace (Nueva York, 1962-California, 2008) era para muchos el novelista más importante de su generación. Publicado en 1987, *La escoba del sistema* fue su debut literario. Tres años después publicó *La niña del pelo raro* (Random House, 2000), relatos con los que captó la atención de la crítica. Su siguiente obra fue la monumental y reconocida novela *La broma infinita* (Random House, 2002), que ha sido considerada por la revista *Time* una de las cien mejores novelas en lengua inglesa. Random House también ha publicado *Entrevistas breves con hombres repulsivos* (2001), *Extinción* (2005), *Hablemos de langostas* (2011), su novela póstuma *El rey pálido* (2011), *En cuerpo y en lo otro* (2013), el legendario discurso *Esto es agua* (2014) y los libros recopilatorios *El tenis como experiencia religiosa* (2016) y *David Foster Wallace portátil* (2016). En septiembre de 2008 David Foster Wallace, que sufría una fuerte depresión, se suicidó en su casa de Claremont, California.

DAVID FOSTER WALLACE

E UNIBUS PLURAM

Televisión y narrativa
norteamericana

Traducción de
Javier Calvo

EN DEBATE

Papel certificado por el Forest Stewardship Council®

El siguiente ensayo fue publicado con anterioridad en
The Review of Contemporary Fiction, 1993

Título original: *E Unibus Pluram: Television and U.S. Fiction*

Primera edición en EnDebate: mayo de 2025

Printed in Spain – Impreso en España

ISBN: 978-84-10433-41-0
Depósito legal: B-4.510-2025

Compuesto en La Nueva Edimac, S. L.
Impreso en Artes Gráficas Huertas
Fuenlabrada (Madrid)

C 4 3 3 4 1 0

Actúen con naturalidad

Los narradores como especie suelen ser mirones. Suelen acechar y observar. Son observadores natos. Son espectadores. Son esos tipos del metro cuya forma disimulada de mirar resulta inquietante. Casi depredadora. Es porque las situaciones humanas son el alimento de los escritores. Los narradores miran a otros seres humanos de la misma forma que los curiosos frenan para ver un accidente de coche: codician la imagen de sí mismos como *testigos*.

Pero al mismo tiempo los narradores tienden a ser terriblemente conscientes de sí mismos. A la vez que dedican montones de tiempo productivo a estudiar con atención qué impresión produce en ellos la gente, los narradores también dedican montones de tiempo menos productivo a preguntarse, nerviosos, qué impresión causan ellos en los demás. Qué tal caen, qué imagen tienen, si se les ve el faldón de la camisa por la bragueta, si tal vez tienen pintalabios en los dientes, si la gente a la que están mirando con disimulo los estará considerando seres siniestros, como esos locos que acechan a la gente.

El resultado es que la mayoría de los narradores, observadores natos, suelen odiar ser objeto de la atención de la gente. No les gusta que los miren. Las excepciones a esta regla –Norman Mailer, Jay

McInerney– a veces dan la impresión de que muchos literatos ansían la atención de la gente. No sucede así con la mayoría. El resto nos limitamos a mirar.

La mayoría de los narradores que conozco son americanos de menos de cuarenta años. No sé si los narradores de menos de cuarenta años ven más televisión que otras clases de americanos. Las estadísticas informan de que en el hogar americano medio se ven más de seis horas diarias de televisión. No conozco a ningún narrador que viva en un hogar medio americano. Sospecho que Louise Erdrich tal vez sí. En realidad nunca he visto un hogar medio americano. Solamente en la tele.

A primera vista hay dos cosas en la televisión que parecen potencialmente apasionantes para los narradores americanos. En primer lugar, la televisión lleva a cabo por nosotros gran parte de nuestra investigación humana depredadora. En la vida real los americanos son un grupo humano bastante esquivo y cambiante, y resulta endiabladamente difícil adjudicarles ninguna clase de distintivo general. Pero la televisión viene equipada con ese distintivo. Es un indicador increíble de lo genérico. Si queremos saber qué es la normalidad americana –es decir, lo que los americanos perciben como normal–, podemos confiar en la televisión. Porque la razón de ser misma de la televisión es reflejar lo que la gente quiere ver. Es un espejo. No el espejo stendhaliano que refleja el cielo azul y el charco de barro. Más bien el espejo iluminado del baño ante el cual el adolescente calibra sus bíceps y decide cuál es su mejor perfil. Esta clase de ventana a la autopercepción nerviosa de los americanos tiene un valor incalculable a la hora de escribir narrativa. Y los escritores pueden tener fe en la televisión. Después de todo, hay un montón de dinero en juego. Y la televisión tiene a los mejores demógrafos que la ciencia social aplicada puede ofrecer, investigadores que pueden determinar con precisión lo que los americanos de los noventa son, quieren y ven: cómo los miembros del público queremos vernos a nosotros mismos. La televisión, desde la superficie hacia sus profundidades, trata del deseo. Y el deseo es a la narrativa lo que el azúcar es a la comida humana.

El segundo atractivo aparente es que la televisión parece ser un regalo absoluto de Dios para esa subespecie de la humanidad a quienes les encanta ver gente pero odian ser vistos. Porque la pantalla de la televisión solamente permite ser traspasada en un sentido. Es una válvula de compuerta psíquica. Podemos verlos a ellos; ellos no pueden vernos. Podemos relajarnos sin ser vistos mientras miramos. Creo que esta es la razón por la que la televisión gusta tanto a la gente solitaria. A los que se encierran de forma voluntaria. Todos los solitarios que conozco ven más televisión que las seis horas de promedio en América. A los solitarios, como a los narradores, les encanta la visión en un solo sentido. Porque la gente solitaria no suele serlo por culpa de ninguna deformidad repulsiva ni de su olor corporal ni su mal carácter: en realidad hoy día existen grupos de apoyo y asociaciones para personas con estas características. En cambio, la gente solitaria suele serlo porque no quieren soportar los costes psíquicos de estar entre otros seres humanos. Son alérgicos a la gente. La gente les afecta demasiado. Llamemos al solitario americano medio Joe Briefcase. Joe Briefcase teme y odia esa carga de autoconsciencia que parece afectarle únicamente cuando hay otros seres humanos reales a su alrededor, mirando, con sus antenas sensoriales humanas erizadas. Joe Briefcase tiene miedo de cómo lo van a ver quienes lo miren. Elige prescindir de ese juego tremendamente estresante que es el póquer americano de las apariencias.

Pero la gente solitaria, en su casa, sola, sigue ansiando imágenes y escenas, compañía. Por eso ven la televisión. Joe puede mirarlos a Ellos en la pantalla; Ellos no pueden ver a Joe. Es casi voyerismo. Yo conozco a gente solitaria que percibe la televisión como un verdadero *Deus ex machina* para voyeurs. Y muchas de las críticas, de las críticas verdaderamente furibundas, no tanto dirigidas como arrojadas contra las cadenas, los anunciantes y el público por igual, tienen que ver con la acusación de que la televisión nos ha convertido en un país de voyeurs sudorosos y boquiabiertos. Esta acusación no es cierta, y no lo es por razones interesantes.

El voyerismo clásico es una modalidad del espionaje, es decir, ver a gente que no sabe que estás ahí mientras desarrolla las actividades mundanas pero llenas de erotismo de su vida íntima. Es interesante que gran parte del voyerismo clásico requiera instrumentos con pantallas de cristal: ventanas, telescopios, etcétera. Pero ver la televisión es distinto a la actividad de los mirones genuinos. Porque la gente a la que estamos viendo a través de la pantalla de cristal de la tele no ignora el hecho de que alguien está viéndolos. En realidad, que un montón de gente está viéndolos. En realidad, la gente de la televisión sabe que es en virtud de esta multitud gigantesca de mirones que están en la pantalla llevando a cabo toda clase de actividades poco mundanas. La televisión no permite un verdadero espionaje porque la televisión es actuación, espectáculo, lo cual por definición requiere espectadores. En este caso no somos voyeurs en absoluto. Simplemente espectadores. Somos el público, megamétricamente múltiple, aunque a menudo observamos en soledad: *E unibus pluram*.[1]

Una razón de que los narradores den un poco de miedo en persona es que por vocación *son* voyeurs. Necesitan ese auténtico robo visual que es mirar a alguien que no haya preparado una identidad para ser vista. El único engañado en la actividad del espionaje es el espiado, que no sabe que está cediendo imágenes e impresiones de sí mismo. Un problema de muchos de los escritores americanos de menos de cuarenta años que usamos la televisión como sustituto del espionaje verdadero, sin embargo, es que el «voyerismo» de la tele requiere que el pseudoespía que está mirando se haga una espléndida orgía de ilusiones. La ilusión n.º 1 es que somos voyeurs: los «espiados» tras el cristal de la pantalla

1. Esta frase, y por tanto parte del título de este ensayo, recuperan la genial expresión usada en «Faking It» de Michael Sorkin, publicado en Todd Gitlin, ed., *Watching Television*, Random House/Pantheon, 1987. [También juega con el lema del escudo de Estados Unidos: «E pluribus unum», 'Uno compuesto de muchos' o 'La unidad en la pluralidad'. *(N. del E.)*].

solamente fingen ignorancia. Saben perfectamente que estamos viéndolos. Y también saben que estamos aquí quienes están tras la segunda pantalla de cristal, a saber: las lentes y los monitores mediante los cuales los técnicos y escenógrafos aplican su enorme ingenio para enviarnos imágenes. Lo que vemos no lo estamos robando en absoluto; nos lo están ofreciendo: ilusión n.º 2. La ilusión n.º 3 es que lo que estamos viendo a través de la pantalla enmarcada no es gente en situaciones reales que existen o podrían tener lugar sin la conciencia de un Público. Es decir, que los jóvenes escritores están buscando datos acerca de una realidad por ficcionalizar que *ya* se compone de personajes ficticios dentro de narraciones muy formalizadas. Y n.º 4, ni siquiera estamos viendo «personajes»: no existe el mayor Frank Burns de *M*A*S*H*, aquel arrogante y patético capullo de Fort Wayne, Indiana; el que existe es Larry Linville, de Ojai, California, un actor lo bastante estoico como para soportar miles de cartas (que siguen llegando aunque la serie se esté reponiendo) de pseudovoyeurs que lo insultan por ser un capullo de Indiana. Además, n.º 5, por supuesto ni siquiera estamos espiando a actores o a personas reales: se trata de ondas electromagnéticas analógicas, corrientes de iones y reacciones químicas en el interior de la pantalla que arrojan fosfenos en racimos de puntos no mucho más realistas que los comentarios impresionistas de Seurat acerca de la ilusión perceptiva. Y Dios mío, n.º 6, esos puntos están saliendo de un *mueble*, lo único que estamos espiando realmente es uno de nuestros *muebles*, mientras que nuestras sillas, lámparas y los lomos de los libros siguen siendo visibles alrededor pero dejamos de verlos cuando contemplamos «Corea» o nos llevan «en directo a Jerusalén» o miramos las sillas más cómodas o los lomos más elegantes de los libros de la «casa» de los Huxtable, pistas ilusorias de que ahí hay un interior doméstico cuya membrana hemos violado de forma sutil y secreta: ilusiones n.º 7, n.º 8 y *ad infinitum*.

No es que esas realidades sobre actores y fosfenos y muebles nos pasen desapercibidas. Es que elegimos pasarlas por alto. Son parte de la creencia que anulamos. Pero es una carga realmente dura de soportar durante seis horas al día; las ilusiones de voyerismo y de acceso privilegiado requieren una gran complicidad del espectador. ¿Cómo pueden conseguir que aceptemos de buen grado la ilusión de que la gente de la tele no sabe que los estamos mirando, la fantasía de que estamos trascendiendo de alguna forma la privacidad de alguien y alimentándonos de su actividad humana espontánea? Puede haber muchas razones para que esos camelos sean tan creíbles, pero una de las principales es que los actores del otro lado de la pantalla son –al margen de los diversos grados de talento dramático– *genios* absolutos a la hora de fingir que nadie los ve. No se equivoquen: actuar delante de una cámara de televisión como si nadie estuviera mirándolos es un arte. Fíjense en cómo actúan los no profesionales cuando los enfoca una cámara: a menudo actúan de forma espasmódica, o bien se quedan rígidos, paralizados por la timidez. Incluso los relaciones públicas y los políticos son, cuando se trata de estar ante la cámara, simples aficionados. Y nos encanta burlarnos de lo rígidos y afectados que aparecen en televisión los no profesionales. Poco naturales.

Pero si alguna vez han sido objeto de esa terrible mirada vacía y redonda de cristal, sabrán de sobra lo espantosamente conscientes de sí mismos que les hace sentirse. Un tipo estresado con auriculares y un portafolios te dice que «actúes con naturalidad» y entonces tu cara empieza a moverse de forma espasmódica, intentando adoptar una expresión como si nadie estuviera mirándote que resulta del todo imposible porque «simular que nadie te mira» es como «actuar con naturalidad», un oxímoron. Intenten golpear una pelota de golf después de que alguien les pregunte si al tomar impulso aspiran el aire o lo expulsan, o después de que les ofrezcan una recompensa sustanciosa por no pensar en un rinoceronte verde durante diez segundos, y se harán una idea de las contorsiones verdaderamente heroicas de cuerpo y mente que necesitan llevar a cabo David Duchovny o Don Johnson para actuar como si nadie los mirara mientras son observados por una lente que constituye un emblema abrumador de lo que Emerson, años antes de la televisión, llamó la «mirada de los millones».[2]

Para Emerson solamente hay una especie muy rara de persona que pueda soportar esa mirada de los millones. No es el americano normal, trabajador y silenciosamente desesperado. El individuo capaz

---

2. Citado por Stanley Cavell en *Pursuits of Happiness*, Harvard University Press, 1981 [hay trad. cast.: *La búsqueda de la felicidad: la comedia de enredo matrimonial en Hollywood*, Paidós, Barcelona, 1999]; *ibid.* las citas posteriores de Emerson.

de soportar la megamirada es una *imago* andante, cierta clase de semihumano trascendente que, en palabras de Emerson, «lleva el reposo en la mirada». El reposo emersoniano que los actores de televisión llevan en la mirada es la promesa de un respiro de la autoconsciencia humana. No preocuparte por la impresión que causas. Una falta total de alergia a las miradas ajenas. Es un heroísmo contemporáneo. Es aterrador y fuerte. Es también, por supuesto, una acción, porque hay que tener una autoconsciencia y un autocontrol anormales para simular que nadie te mira delante de las cámaras, las lentes y los hombres de los portafolios. Esa ficción autoconsciente de falta de autoconsciencia es la verdadera puerta al salón de espejos lleno de ilusiones que es la televisión, y para nosotros, el público, es al mismo tiempo una medicina y un veneno.

Porque observamos a esa gente rara, perfectamente adiestrada para simular que nadie los mira durante seis horas diarias. Y amamos a esa gente. En tanto que les atribuimos cualidades sobrenaturales y deseamos emularlos, se podría decir que los veneramos. En el mundo real de Joe Briefcase que se está desplazando de forma cada vez más cruda de una comunidad de relaciones personales a redes de extraños conectados por el interés propio y la tecnología, la gente a la que espiamos en la televisión nos ofrece familiaridad y comunidad. Una amistad íntima. Pero dividimos lo que vemos. Los personajes pueden ser nuestros «amigos íntimos», pero los *actores* son más que extraños: son *imagos*, semidioses, que se mueven en una esfera distinta, salen y se casan solamente entre ellos, incluso como actores parecen accesibles al público únicamente con la mediación de la prensa sensacionalista, los programas de entrevistas y la señal electromagnética. Y sin embargo tanto los actores como los personajes, tan terriblemente alejados y filtrados, parecen terrible y gloriosamente naturales cuando los miramos.

Dado lo mucho que miramos y lo que comporta mirar, resulta inevitable, para los narradores o los Joe Briefcase que nos creemos voyeurs, hacernos la ilusión de que esas personas de detrás del cristal –personas que a menudo son la gente más vistosa, atractiva, animada y *viva* de nuestra experiencia– son también gente que ignora que los están mirando. Esta ilusión es tóxica. Es tóxica para la gente solitaria porque crea un círculo de alienación («¿Por qué no puedo yo ser así?», etcétera), y es tóxica para los escritores porque nos lleva a confundir la investigación para crear narraciones con una extraña forma de *consumo* de narraciones. La hipersensibilidad de la gente tímida a los seres humanos tiende a ponernos delante de la televisión y su ventana de un solo sentido en una actitud de recepción relajada y total, absorta. Vemos a diversos actores interpretar a diversos personajes, etcétera. Durante trescientos sesenta minutos *per diem*, recibimos la confirmación inconsciente de la tesis profunda de que la cualidad más importante de una persona viva es tener buena imagen, y que el valor genuino de una persona no solamente equivale sino que radica en el fenómeno de la observación. Además, está la idea de que la parte principal de tener una buena imagen es simular que no te das cuenta de que alguien te está mirando. Actuar con naturalidad. Las personas a las que los jóvenes narradores y los solitarios voluntarios escrutamos, con quienes empatizamos y confraternizamos de forma más intensa están, en virtud de una capacidad genial para fingir falta de consciencia de sí mismos, preparados para soportar las miradas de la gente. Y nosotros, intentando desesperadamente parecer despreocupados, sudamos de forma siniestra en el metro.

El dedo

Al margen de acertijos voyerístico-existenciales, no se puede negar un hecho tan simple como que la gente en Estados Unidos ve tanta televisión porque es divertida. Yo sé que la veo para divertirme, la mayor parte del tiempo, y que por lo menos el 51% del tiempo me divierto cuando la veo. Eso no quiere decir que no me tome la televisión en serio. Un argumento importante de este ensayo va a ser que lo más peligroso de la televisión para los narradores americanos es que no nos la tomamos lo bastante en serio como elemento diseminador y definitorio de la atmósfera cultural que respiramos y poseemos, que muchos de nosotros estamos tan cegados por la exposición constante, que vemos la tele de la misma forma que en 1981 afirmó verla el presidente de la Comisión Federal de Comunicaciones de la era Reagan, Mark Fowler: como «un electrodoméstico más, una tostadora con imágenes».[3]

Es innegable, sin embargo, que ver la televisión es una actividad placentera, y puede parecer raro que gran parte del placer que mi generación obtiene de la televisión resida en burlarse de ella. Pero hay

3. Bernard Nossiter, «The F.C.C.'s Big Giveaway Show», *Nation*, 26 de octubre de 1985, p. 402.

que recordar que los americanos más jóvenes crecimos en la misma medida con el desprecio a la televisión que con la misma televisión. Yo ya sabía que era «un baldío enorme» antes de saber quiénes eran Newton Minow y Mark Fowler. Y resulta verdaderamente divertido reírse con cinismo de la televisión: del hecho de que la risa de los «públicos reales en el estudio» de las comedias de situación siempre tenga un tono y una duración sospechosamente constantes, o de la forma como se describen los desplazamientos en *Los Picapiedra*, haciendo que el mismo dibujo cutre de un árbol, una piedra y una casa pase cuatro veces por el fondo de la escena. Resulta divertido, cuando una June Allyson envejecida aparece en la pantalla para anunciar Ropa Interior para Gente Mayor y dice: «Si tienes problemas de incontinencia, no estás sola», soltar una carcajada y gritar: «¡Apuesto a que tú *sí* que te has quedado un poco sola, June!».

La mayoría de los académicos y los críticos que escriben sobre cultura popular americana, sin embargo, parecen tomarse la tele muy en serio y sentir una angustia terrible por lo que ven. Hay una letanía crítica muy conocida acerca de la insulsez y la irrealidad de la televisión. La letanía en cuestión resulta a menudo más tosca y más trillada que los propios programas de los que los críticos están quejándose, razón por la cual creo que la mayoría de los jóvenes americanos considera la crítica profesional de la televisión menos interesante que la propia televisión. Encontré ejemplos sólidos de lo que estoy diciendo el primer día que los busqué. La sección de artes y ocio del *New York Times* del domingo 5 de agosto de 1990 simplemente bullía de puyas llenas de amargura contra la televisión, y algunos de los artículos más lúgubres no trataban tanto de la poca calidad de los programas como de la forma en que la tele se ha convertido en un instrumento despreciable de la decadencia cultural. En una reseña sumaria de todos los éxitos de público letárgicos del verano de 1990 en los que «el realismo ... parece haber pasado de moda por completo», Janet Maslin solamente necesita un párrafo para localizar el verdadero culpable de la campaña antirrealidad: «Quizá estemos oyendo hablar de la "vida real" únicamente en programas de televisión compuestos de fragmentos de quince segundos (en los que la "gente real" no solamente habla con lugares comunes concisos y claros sino que parece pensar de ese modo, tal vez como resultado de haber visto ellos mismos demasiada televisión conformadora de la realidad)».[4] Y un tal Stephen Holden, en lo que empieza como un análisis mordaz de la situación extrema a la que ha llegado la música pop, cree saber perfectamente qué se esconde detrás de lo que odia: «La música pop ya no es un mundo autónomo sino un adjunto de la televisión, cuyo flujo de imágenes comerciales proyecta una cultura en la que todo se vende y lo único que cuenta es la fama, el poder y los cuerpos bonitos».[5] Este rollo continúa y continúa en el *Times*, artículo tras artículo. El único ar-

4. Janet Maslin, «It's Tough for Movies to Get Real», *New York Times*, sección de artes y ocio, 5/8/1990, p. 9.

5. Stephen Holden, «Strike the Pose: When Music Is Skin-Deep», *ibid.*, p. 1.

tículo que encontré aquella mañana y que tenía algo optimista que decir de la televisión era un artículo entrecortado que explicaba que muchos licenciados de la Ivy League estaban volando directamente de sus universidades de Nueva York a Los Ángeles para convertirse en guionistas de televisión, estaban ganando más de doscientos mil dólares de entrada y obteniendo rápidos ascensos a cargos de producción estresados y provistos de portafolios. En este sentido, el *Times* del 5 de agosto es un buen ejemplo de cierta mezcla extraña que lleva años teniendo lugar: el desprecio cansino hacia la televisión como producto creativo y fuerza cultural combinado con una fascinación pasmada por los mecanismos tras el cristal que crean ese producto y proyectan esa fuerza.

Seguramente no soy el único que tiene amigos con quienes odio ver la tele porque la odian de forma tan evidente –les ponen a cien los argumentos trillados, los diálogos inverosímiles, los finales ingenuos, la condescendencia insulsa de los presentadores de noticias, los halagos chabacanos de los anuncios–, y sin embargo están obsesionados con ella, de alguna forma necesitan odiarla durante seis horas al día, todos los días. Los ejecutivos júnior de publicidad, los aspirantes a cineastas y los poetas de escuela de posgrado son, según mi experiencia, especialmente proclives a esta condición que los hace odiar, temer y necesitar de forma simultánea la televisión, y tratan de desinfectarse de lo que sea que les hace la televisión viéndola con desprecio cansino en lugar de con la credulidad absorta con que hemos crecido. (Fíjense en que la mayoría de los narradores sigue estando a favor de esa credulidad absorta). Pero ya que el cansinamente despectivo *Times* tiene el pulgar demográfico aplicado al pulso del gusto de los lectores, probablemente hay que asumir que la mayoría de los americanos con educación que leen el *Times* están asqueados de la televisión, tienen esa extraña *gestalt* de odio/necesidad/miedo durante seis horas diarias. La crítica académica de la televisión refleja ciertamente este estado de ánimo. Y la naturaleza pasmosamente insulsa de la mayoría de los análisis «literarios» de la televisión no se debe tanto al uso de las abstracciones ampulosas que se emplean para hacer que le tele parezca un objeto apto de investigación estética –véase parte de un tratado de 1986: «La forma de mi placer durante la hora de máxima audiencia de un martes por la noche está estructurada por una dialéctica de elisión y escisión entre varias ventanas a través de las cuales ... el "flujo" es más una circunstancia que un producto. El verdadero resultado es el cuanto, el fragmento más pequeño manejable de emisión»–,[6] como al cinismo hastiado de esos académicos que se burlan y atacan el mismo fenómeno que han elegido como vocación. Estos académicos son como la gente que desdeña –y hablo de un desdén intenso y prolongado– a sus cónyuges o sus trabajos pero no se separan ni dimiten. Las quejas de la crítica parecen haber degenerado desde hace mucho tiempo en el mismo gimoteo de siempre. La cuestión importante acerca de la televisión americana ya no es si la relación de los americanos con la televisión delata cier-

6. Sorkin, p. 163.

tos problemas graves sino cómo pueden solucionarse esos problemas. Los académicos y los críticos de la cultura pop permanecen resueltamente callados acerca de esta cuestión.

Lo cierto es que solamente en el arte americano, particularmente en ciertas corrientes de la narrativa americana contemporánea, están siendo tratadas las cuestiones realmente interesantes sobre la tele *fin de siècle*: ¿qué es eso que odiamos tanto en la cultura televisiva? ¿Por qué estamos tan inmersos en ella si tanto la odiamos? ¿Qué implica el hecho de que nos sumerjamos de forma continua y voluntaria en algo que odiamos? Pero, por extraño que parezca, también están siendo planteadas y respondidas por la propia televisión. Esta es otra razón de que la mayoría de las críticas de la tele resulten tan superficiales. La televisión ha logrado convertirse en el analista más provechoso de sí misma.

A media mañana del 5 de agosto de 1990, mientras ojeaba y resoplaba ante el tono mordaz de los ya mencionados artículos del *Times*, estaban reponiendo un episodio de *St. Elsewhere* en la tele, barriendo una oferta de domingo por la mañana en Boston compuesta por telepredicadores, publirreportajes y el festival de esteroides y poliuretano de *Gladiadores americanos*, que no es que no tenga encanto, pero es claramente un espectáculo de segunda fila. Las reposiciones son otra área de fascinación para el público, no solamente porque las emisoras gigantes de cable como la WGW de Chicago o la TBS de Atlanta se estén repartiendo el pastel ya no local sino nacional, sino porque la reposición está cambiando toda la filosofía creativa de la televisión comercial. En los acuerdos de reposición (donde el distribuidor cobra un adelanto por el programa y luego un porcentaje por las franjas publicitarias de sus propios anuncios) es donde los creadores de series televisivas de éxito obtienen beneficios verdaderamente enormes, diseñan y lanzan muchos programas nuevos teniendo en mente tanto al público de las horas de máxima audiencia como al público que ve las reposiciones, y ya no se guían por sueños de crear clásicos amados por el público que se emitan durante diez años hasta convertirse en instituciones –*M*A*S*H*, *Cheers*–, sino por modestas emisiones de tres años que lleguen a los setenta y ocho episodios enlatados necesarios para un atractivo paquete de reposición. Por cierto, yo, igual que millones de americanos, conozco todos estos detalles técnicos para iniciados porque vi un documental especial en tres partes sobre la reposición televisiva en *Entertainment Tonight*, que a su vez es el «informativo» más importante emitido en redifusión a nivel nacional y el primer espacio de publirreportajes tan popular como para que las cadenas de televisión estuviera dispuestas a pagar por tenerlo.

La reposición del domingo por la mañana también resulta intrigante porque crea yuxtaposiciones tan aberrantes como cualquiera de las que se les podían ocurrir a los surrealistas franceses. Los encantadores hechiceros de *Embrujada* y los vídeos comerciales satánicos de grupos de heavy metal de *Top Ten Countdown* se emiten al lado de predicadores aerografiados que condenan la influencia demoniaca en la cultura americana. Uno puede surfear hacia atrás y hacia delante entre un sacerdote diciendo «Esta es mi sangre» en una misa televisada y Zap, de *Gladiadores americanos*, rompiéndole la nariz a un concursante con una bataka de poliuretano. O, mejor todavía, echen un vistazo al episodio número noventa y cuatro de *St. Elsewhere*, del 5 de agosto de 1990, emitido originalmente en 1988, que se repone en el Canal 38 de Boston inmediatamente después de dos episodios consecutivos de *El show de Mary Tyler Moore*, ese icono del *pathos* de los setenta. El argumento de los dos episodios de *El show de Mary Tyler Moore* no es importante. Pero el episodio de *St. Elsewhere* que viene después incluye la breve aparición de un paciente de psiquiatría que sufre la ilusión de que es Mary Richards de *El show de Mary Tyler Moore*. Luego sufre la ilusión de que otro de los pacientes es Rhoda, que el doctor Westphal es el señor Grant y que el doctor Auschlander es Murray. Esta subtrama psiquiátrica no va más allá; se resuelve al final del episodio. La pseudo-Mary (un tipo triste y de aspecto torpe, interpretado por un actor cuyo nombre no recuerdo, pero que recuerdo que interpretaba a uno de los clientes neuróticos del doctor Hartley en el antiguo *El show de Bob Newhart*) rescata del ataque de un hebefrénico al otro paciente de psiquiatría, que él cree que es Rhoda pero que niega furiosamente ser una mujer (y que a su vez está interpretado por el tipo que solía interpretar al señor Carlin, el cliente más intratable del doctor Hartley). En agradecimiento, Rhoda/el señor Carlin/el paciente de psiquiatría declara que acepta ser Rhoda si eso es lo que quiere Mary/el cliente neurótico/el paciente de psiquiatría. Ante este derroche de generosidad, el brote psicótico de la pseudo-Mary se colapsa. El tipo triste y torpe admite ante el doctor Auschlander que no es Mary Richards. Es un simple amnésico, un tipo sin identidad y con una existencia errática. Está solo en la vida. Ve mucha tele. Afirma que «supuso que sería mejor creer que era un personaje de la tele que creer que no era nadie». El doctor Auschlander se lleva al paciente arrepentido a dar un paseo y tomar el fresco aire invernal de Boston y le promete que algún día acabará, el tipo sin identidad, descubriendo quién es en realidad, siempre que pueda abandonar «la distracción de la televisión». Extremadamente agradecido y feliz por este pronóstico, el paciente se quita su gorra peluda y la lanza al aire. El episodio termina con la imagen congelada de la gorra en el aire, dejando al menos a un espectador crédulamente embelesado.

Esta podría haber sido una simple historia ingeniosa de poca monta de la televisión de los ochenta, donde el lanzamiento final de la gorra le resta importancia a la desautorización de la televisión que lleva a cabo el doctor Auschlander, si no fuera por los incontables estratos de información e imaginería televisiva irónica y enrevesada que flotan alrededor de este episodio verdaderamente colosal. Porque otra de las estrellas que aparecen brevemente en este episodio, deambulando en una subtrama distinta, es una tal Betty White, la Sue-Ann Nivens del viejo *Show de Mary Tyler Moore*, que aquí interpreta a una cirujana atormentada de la NASA (a saber por qué). Es con una inevitabilidad casi trágica, por tanto, que en el minuto treinta y dos del episodio la señora White y la pseudo-Mary enferma de televisión se encuentren durante sus respectivos paseos atormentados por los pasillos del hospital, y cuando el paciente psiquiátrico la saluda con el grito alborozado de «¡Sue-Ann!», ella responde con cara de palo que la debe de estar confundiendo con otra persona. No hace falta entrar en los detalles de los enrevesados niveles de fantasía, realidad e identidad que se barajan aquí: por ejemplo, el paciente al mismo tiempo confunde, no confunde y hace que Betty White «se confunda» con Sue-Ann Nivens. Sin duda se debe de estar haciendo alguna tesis en los seminarios de Cultura Contemporánea de Yale acerca de Deleuze y Guattari y este episodio. Pero los niveles más interesantes de significación residen, y señalan, al otro lado de la lente. Porque la serie de la NBC *St. Elsewhere*, igual que pasó antes con *El show de Mary Tyler Moore* o *El show de Bob Newhart*, fue creada, producida y colocada en el circuito de las reposiciones por MTM Studios, compañía propiedad de Mary Tyler Moore y supervisada por el antiguo marido de esta que se convertiría en director ejecutivo de la NBC, Grant Tinker; además, los guiones y las subtramas de *St. Elsewhere* los corrige Mark Tinker, el hijastro de Mary y heredero de Grant. El paciente mental fantasioso, veterano, exiliado y errante de uno de los programas de la MTM llama lastimeramente a otra veterana exiliada y errante (literalmente: ¡mira que hacerla de la NASA!) de otro programa de la MTM, y su rechazo irónico es escrito por personal de la MTM, que remata la refutación paródica del doctor Auschlander haciendo que un veterano de la MTM que «se cree» que es otra persona lleve a cabo el signo corporativo de

28

la MTM de arrojar la gorra. El rechazo fowleriano que lleva a cabo el doctor Auschlander de la televisión como una simple «distracción» no es tan ingenuo como descabellado: no hay *nada más* que televisión en este episodio. Todos los personajes, los conflictos, las bromas y la fuerza dramática dependen de la involución, la autorreferencia, la metatelevisión. Es una broma privada dentro de una broma privada.

Entonces ¿por qué soy capaz de entender esa broma privada? Porque yo, el espectador que permanece al otro lado del cristal junto con el resto del público, estoy *dentro* de esa broma privada. He visto cómo Mary Tyler Moore lanzaba la gorra peluda «original» tantas veces que dejaba de ser un cliché para convertirse en nostalgia amable. Conozco al paciente de psiquiatría de *El show de Bob Newhart* y a Betty White de un millón de series, y conozco toda clase de información irrelevante e intrigante acerca de los estudios MTM y del circuito de reposición gracias a *Entertainment Tonight*. Yo, el pseudovoyeur, estoy realmente «entre bastidores», en un lugar privilegiado para entender la broma privada. Pero no soy yo el espía que se ha infiltrado a rastras dentro de la televisión. Es al revés. La televisión, incluso los detalles mundanos de su producción, se ha convertido en mi propio –nuestro propio– interior. Y nosotros nos hemos convertido en un público cansado, harto, pero voluntarioso y sobre todo *lleno de conocimiento*. Y este conocimiento transforma enormemente las posibilidades y los riesgos de la «creatividad» televisiva. El episodio de *St. Else-where* fue candidato a un Emmy en 1988. Al mejor guion televisivo original.

La mejor televisión de los últimos cinco años ha tenido una carga de autorreferencia irónica con la que ninguna especie previa de arte posmoderno habría soñado. Los colores de los vídeos de la MTV, en la gama del negro al azul y tenuemente parpadeantes, son los colores de la televisión. Personajes como David en *Luz de luna* o Ferris en *Ferris Bueller* se dirigen a la cámara para hablar con el público con tanto descaro como si interpretaran el monólogo jactancioso del villano de un viejo melodrama. Algunas partes del nuevo noticiario de madrugada *After Hours* terminan con una broma en la que aparecen unos tipos atribulados con auriculares en la cabina de producción dando paso a la broma. El concurso de preguntas sobre la televisión de la MTV, titulado de forma poco imaginativa *Remote Control*, se ha hecho tan popular que ha trascendido la membrana de la MTV y ahora se repone en un montón de canales. Los anuncios más sofisticados, con escenarios áridos diseñados por ordenador y modelos con cara inexpresiva, gafas de espejo y pantalones de plástico arrodillándose ante diversas formas de velocidad, excitación y prestigio, parecen ofrecer poco más que la visión que tiene la propia televisión de cómo ella misma ofrece su rescate a los Joe Briefcase solitarios atrapados pasivamente en el consumo excesivo de televisión.

Lo que explica el sinsentido de la mayoría de las críticas que se hacen a la televisión es que la televisión se ha vuelto inmune a las acusaciones de que carece de relación significativa con el mundo exterior. No es que las acusaciones de falta de relación ya no sean ciertas sino que se han vuelto enormemente irrelevantes. Dicha relación se ha vuelto innecesaria. Antes, la televisión señalaba hacia su exterior. Los que nacimos en los sesenta, digamos, fuimos adiestrados por la televisión para mirar lo que señalaba, normalmente versiones de la «vida real» embellecidas, dulcificadas y vivificadas al sucumbir ante un producto o tentación. El megapúblico actual está mejor adiestrado y la tele ha descartado lo que no necesita. Un perro, si le señalas algo, se queda mirando tu dedo.

Metaespectadores

No es que la autorreferencialidad sea nueva en la industria americana del espectáculo. ¿Cuántos programas de radio –Jack Benny, Burns y Allen, Abbott y Costello– trataban básicamente acerca de sí mismos como programas? «Anda, Lou, ¿no me dijiste que no conseguiría traer a una gran estrella como la señorita Lucille Ball de invitada a nuestro programa, merluzo?». Etcétera. Pero una vez que la televisión introduce el elemento de mirar imágenes, y una vez que se convierte en centro de una economía y una cultura que la radio nunca pudo tener, la referencialidad se dispara. Seis horas al día es más tiempo del que la gente pasa haciendo cualquier otra cosa (de forma consciente). Es natural que cambie la visión que tienen de sí mismos unos seres humanos que absorben dosis tan elevadas, que se vuelvan mucho más espectadores, mucho más autoconscientes. Porque la práctica de ver la televisión es expansiva. Exponencial. Pasamos tanto tiempo mirando que pronto empezamos a mirarnos a nosotros mismos en el acto de mirar. Muy pronto empezamos a «sentir» cómo sentimos, deseamos experimentar «experiencias». Y cuando esa subespecie americana escribe narrativa, empieza a escribir más y más sobre... El surgimiento de algo llamado metanarrativa en América durante los años sesenta fue saludado por la crítica académica como una estética radical, una forma literaria completamente nueva, una literatura liberada de los arneses culturales de la narración mimética y libre para lanzarse a la reflexividad y las meditaciones autoconscientes acerca de su naturaleza. Por muy radical que pudiera ser, pensar que la metanarrativa posmoderna no tenía relación con los cambios previos en el gusto de los lectores es tan inocente como creer que todos aquellos universitarios a los que vimos en la televisión protestando contra la guerra de Vietnam estaban protestando únicamente porque no les gustaba la guerra del Vietnam. (Tal vez odiaban la guerra, pero también querían que se les viera protestando en televisión. Al fin y al cabo, esa guerra la habían *visto* en la tele. ¿Por qué no iban a aparecer odiándola en el mismo medio que había hecho posible ese odio?). Puede que los metanarradores se sacaran teorías de la manga, pero también eran ciudadanos sensibles de una comunidad que estaba cambiando la idea que tenía de sí misma como un país de seres y artífices por una nueva visión de Estados Unidos como una masa atomizada de espectadores y objetos de miradas autoconscientes. Porque la metanarrativa, en sus fases ascendentes y más importantes, no fue en realidad más que una expansión de primer orden de su gran némesis teórica, el realismo: si el realismo representaba las cosas como las veía, la metanarrativa se limitaba a representarlas tal como se veía a sí misma viéndose a sí misma viendo las cosas. El género posmodernista alto-cultural, en otras palabras, recibió una enorme influencia del surgimiento de la televisión y de la metástasis del acto autoconsciente de verla. Y (afirmo que) la narrativa americana sigue estando influida por la televisión, en especial aquellas corrientes narrativas arraigadas en el posmodernismo, que incluso en su cenit metanarrativo más rebelde no fue tanto una «reacción contra» la tele como una especie de acatamiento de la tele. Ya entonces, las fronteras estaban empezando a derrumbarse.

Es extraño que la televisión tardara tanto en percibir la potente reflexividad del acto de mirar. Durante mucho tiempo los programas de televisión que trataban acerca de la programación televisiva fueron escasos. *El show de Dick Van Dyke* fue clarividente, y Mary Tyler Moore trasladó esa clarividencia a su exploración durante una década de la angustia de los públicos locales. Ahora, por supuesto, todo es lo mismo, desde *Murphy Brown* pasando por *Max Headroom* hasta *Entertainment Tonight*. Y con el ejército de bromas sardónicas y sofisticadas acerca del hecho de estar en la tele que han desplegado gente como David Letterman, Dennis Miller, Gary Shandling y Jay Leno, el círculo iniciado en los tiempos de «Tenemos que traer a la señorita Ball a nuestro programa, colega» se ha cerrado y se ha convertido en una espiral; el poder de la televisión para deshacerse de su relación con la realidad y castrar las protestas se alimenta de la misma autoconsciencia irónica posmoderna que al principio contribuyó a construir.

Tardaré un poco, pero voy a demostrarles que el nexo donde televisión y narrativa convergen y se dan la mano es la ironía autoconsciente. La ironía es, por supuesto, un territorio que los narradores llevan mucho tiempo trabajando con tesón. Y la ironía es importante para entender la tele porque la «tele», ahora que se ha vuelto lo bastante poderosa como para convertirse en una forma de vida, es una evolución de las mismas contradicciones absurdas que la ironía revela. Resulta irónico que la televisión sea una fuerza sincrética y homogeneizadora que extrae gran parte de su poder de la diversidad y de las distintas afirmaciones que se derivan de la misma. Es irónico que los actores de televisión necesiten emplear una autoconsciencia extremadamente ladina y poco atractiva para crear la ilusión de que engatusan al público de forma inconsciente. Los productos que se presentan con la intención de ayudarlos a ustedes a expresar su individualidad solamente se pueden permitir anunciarse en televisión porque los compra una cantidad enorme de gente. Y etcétera.

La televisión percibe la ironía de forma parecida a como la gente solitaria educada percibe la televisión. La televisión teme y necesita al mismo tiempo la capacidad que tiene la ironía de revelar. Necesita la ironía porque la televisión prácticamente fue *hecha* para la ironía. Porque la tele es un medio audiovisual. Su desplazamiento de la radio no se debió a que la imagen desplazara al sonido; la imagen se le añadió. Ya que la tensión entre lo que se dice y lo que se ve es el terreno de acción de la ironía, la ironía televisiva clásica funciona mediante la yuxtaposición conflictiva de imágenes y sonido. Un artículo académico sobre las noticias televisivas describe una entrevista famosa con un representante de la empresa United Fruit durante un especial de la CBS sobre Guatemala: «Le aseguro que no conozco a ninguna de esa supuesta "gente oprimida" –le dijo aquel tipo con traje informal y el pelo alisado sobre la calva a Ed Rabel–. Creo que no es más que algo que ciertos reporteros se han inventado».[7] Toda la entrevista estaba intercalada con imágenes sin comentar de niños con la barriga inflada en los arrabales de Guatemala y de sindicalistas degollados y tirados en el barro.

La función irónica clásica de la televisión se emancipó en verano de 1974, cuando una serie de cámaras sin tapujos sacaron a la luz la fértil «laguna de credibilidad» entre la imagen de las explicaciones oficiales y la realidad de los chanchullos en las altas esferas. Un país entero quedó cambiado como público. Si incluso un presidente te miente, ¿en quién has de confiar para que te diga la verdad? Aquel verano, la televisión se presentó a sí misma como la mirada honesta y preocupada por la realidad oculta tras todas las imágenes. La ironía de que la televisión era un río de imágenes, sin embargo, resultó evidente incluso para aquel niño de doce años que estaba allí sentado mirando con ingenuidad. Después de 1974 pareció que no había salida. Todo estaba lleno de imágenes y de ironía. No es ninguna coincidencia que *Saturday Night Live*, la Atenas del cinismo irreverente, especializado en parodias de *a*) políticos y *b*) la televisión, se estrenara la temporada siguiente (en televisión).

7. Daniel Hallin, «We Keep America On Top of the World», en la antología de Gitlin.

Me preocupa decir cosas como «la televisión teme...» y «la televisión se presenta a sí misma...», porque, aunque pueda ser una abstracción necesaria, hablar de la televisión como si fuera una entidad puede caer con facilidad en la peor clase de paranoia antitelevisiva: tratar a la tele como a un ser autónomo, diabólico y corruptor de la instancia individual y del sentido común comunitario. Quiero evitar cualquier paranoia antitelevisiva. Aunque estoy convencido de que en la actualidad la televisión es la causante, ocupando de alguna forma un papel intermedio entre el síntoma y la sinécdoque, de una verdadera crisis de la cultura y la literatura americanas, no estoy de acuerdo con los reaccionarios que ven la tele como una fuerza maligna que visita a la población indefensa, drenando coeficientes intelectuales y arruinando resultados de los exámenes mientras nosotros permanecemos sentados allí delante con el culo cada vez más gordo y pequeñas espirales hipnóticas girando en los ojos. Las afirmaciones de críticos, como Samuel Huntington y Barbara Tuchman, que intentan demostrar que la degradación de nuestros criterios estéticos por culpa de la tele es responsable de una «cultura contemporánea dominada por una comercialidad dirigida a los mercados de masas y necesariamente a los gustos de masas»,[8] pueden refutarse observando que su Propter Hoc ni siquiera es un Post Hoc: hacia 1830, Alexis de Tocqueville ya había diagnosticado que la cultura americana estaba particular-

8. Barbara Tuchman, «The Decline of Quality», *New York Times Magazine*, 2 de noviembre de 1980.

mente predispuesta a las sensaciones fáciles y el entretenimiento masivo, «los espectáculos vehementes, no instruidos y toscos» encaminados a «agitar las pasiones más que a gratificar el gusto».[9] Tratar la televisión como algo malvado es igual de simplista e idiota que tratarla como una tostadora con imágenes.

Por supuesto, es innegable que la televisión es un ejemplo de Arte Popular, esa clase de arte que debe complacer a la gente para obtener su dinero. Debido a la economía de las emisiones nacionales, el entretenimiento patrocinado por los anunciantes, la única meta de la televisión –nunca negada por nadie de la televisión ni de su entorno desde que la RCA autorizó las primeras pruebas en 1936– es asegurarse la mayor audiencia posible. La tele es el epítome del Arte Popular por su deseo de embelesar y gozar de la atención de cantidades inéditas de gente. Pero no es Popular porque sea vulgar, lasciva o estúpida. A menudo la televisión es todas estas cosas, pero se trata de una función lógica de su necesidad de atraer y complacer al público. Y no digo que la televisión sea vulgar y estúpida porque la gente que compone el público sea vulgar y estúpida. La televisión es como es simplemente porque la gente tiende a ser extremadamente similar en sus intereses vulgares, lascivos y estúpidos, al tiempo que desorbitadamente distinta en sus intereses refinados, nobles y estéticos. Todo se debe a la diver-

9. Alexis de Tocqueville, *Democracy in America*, Vintage, edición de 1945, pp. 57 y 73. [Hay trad. cast.: *La democracia en América*, Alianza Editorial, Madrid].

sidad sincrética: ni el medio ni el público son responsables de la calidad.

Y sin embargo, el hecho de que los individuos de América estén consumiendo productos vulgares, lascivos y estúpidos en unas dosis medias domésticas tan abrumadoras como seis horas diarias: ese hecho lo tenemos que explicar tanto la tele como nosotros. Somos responsables básicamente porque nadie nos está encañonando con un arma ni nos está obligando a dedicar más tiempo que a ninguna otra actividad salvo únicamente el sueño a hacer algo que, si uno se lo plantea, no es bueno para nosotros. Lamento ser un aguafiestas pero ahí va: seis horas al día no es bueno.

El gran atractivo de la televisión a la hora de la verdad es que capta nuestra atención sin pedir nada. Uno puede descansar mientras recibe estímulos. Recibir sin dar. En este sentido, la televisión se parece a otras cosas que podemos llamar Placeres Especiales (por ejemplo, los dulces, la bebida), es decir, placeres que son buenos y divertidos en pequeñas cantidades pero malos en grandes cantidades y *realmente* malos si los consumimos en las cantidades masivas y continuas que corresponden a los alimentos básicos. Solamente podemos imaginar a qué volumen de ginebra o a qué peso de Toblerone equivaldrían seis horas diarias de Placeres Especiales.

En la superficie del problema, la televisión es responsable de nuestra tasa de consumo televisivo solamente en el sentido de que ha logrado un éxito terrible en su trabajo oficial de asegurarse cantidades prodigiosas de espectadores. Su responsabilidad social se parece un poco a la de los diseñadores de armamento: no son culpables hasta el momento en que empiezan a hacer su trabajo un poco demasiado bien.

Pero creo que es mejor la analogía entre la televisión y la bebida. Porque (háganme caso un momento) me temo que el viejo Joe Briefcase es teleadicto. Es decir, ver la tele se puede convertir en una adicción perversa. Puede convertirse en adicción perversa simplemente en cuanto se traspasa de forma habitual cierto umbral de cantidad, pero lo mismo pasa con el Wild Turkey. Y cuando digo «adictiva» y «perversa», nuevamente no quiero decir malvada ni hipnotizadora. Una actividad es adictiva si nuestra relación con ella reside en ese continuo en pendiente hacia abajo que hay entre gustarle a uno demasiado y necesitarla de verdad. Muchas adicciones, desde el ejercicio hasta la escritura de cartas, son bastante benignas. Pero algo es «perversamente» adictivo si *a*) causa problemas reales al adicto, y *b*) se ofrece como una salida a los mismos problemas que causa.[10] Una adicción perversa también se caracteriza por extender los problemas de la adicción y convertirlos en interferencias, creando dificultades para las relaciones, las comunidades y el espíritu y la visión de sí mismo que tiene el adicto. En abstracto, algunas de estas exageraciones pueden provocar que la analogía no les resulte creíble, pero no es difícil toparse con ejemplos concretos de ciclos perversamente adictivos de consumo televisivo. Si

10. Esta definición no la he sacado de ninguna fuente autorizada, pero me parece bastante modesta y sensata.

es cierto que muchos americanos están solos, y si es cierto que mucha gente solitaria es consumidora prodigiosa de televisión, y si es cierto que la gente solitaria encuentra en las imágenes bidimensionales de la tele una escapatoria a su rechazo angustioso a estar con seres humanos reales, entonces también es obvio que cuanto más tiempo se pase en casa sola viendo la tele, menos tiempo se pasa en el mundo de los seres humanos reales, y que cuanto menos tiempo se pase en el mundo humano real, más difícil le resultará no sentirse inadecuada para las tareas que requiere ser parte del mundo y fundamentalmente apartado del mismo, alienada, solipsista, solitaria. También es cierto que en la medida en que uno empieza a considerar la relación con Bud Bundy o con Jane Pauley como alternativas aceptables, uno empieza a tener muchos menos incentivos conscientes para entablar relaciones con gente real y tridimensional, relaciones que parecen bastante importantes para la salud mental básica. Para Joe Briefcase, como para muchos adictos, el Placer Especial empieza a reemplazar la alimentación nutritiva y necesaria, y el hambre original y genuina –ya no satisfecha sino noqueada– da paso a una extraña ansiedad sin objeto. Ver la tele como ciclo perverso ni siquiera requiere unas condiciones previas especiales, como la consciencia de sí mismo por parte del escritor o la tendencia neuroalérgica a la soledad. Imaginemos por un segundo a Joe Briefcase como un hombre americano medio, relativamente rodeado de gente, adaptado, casado, bendecido con 2,3 vástagos de mejillas sonrosadas, completamente normal, que llega a casa a las 17.30 después de una dura jornada de trabajo, y empieza su tanda de seis horas delante de la televisión. Como Joe Briefcase es un tipo normal, contesta con un encogimiento de hombros a las preguntas de los encuestadores y responde como mucha otra gente que a menudo ve la televisión para «distraerse» de los elementos de su jornada y de su vida que le resultan desagradables. Es tentador suponer que la tele permite esta «distracción» auschlanderiana, que ofrece algo que aleja la mente de los problemas cotidianos. Pero ¿acaso la simple distracción garantiza el hecho de que todo el mundo vea la tele a todas horas? La televisión ofrece mucho más que distracción. En muchos sentidos, la televisión proporciona y permite *sueños*, y la mayoría de esos sueños aportan alguna clase de trascendencia de la normalidad de la vida cotidiana. Los modos de presentación que funcionan mejor en la tele –cosas como la «acción», con sus tiroteos y choques de coches, o el *collage* acelerado de los anuncios, las noticias y los vídeos musicales, o la histeria de los seriales y las comedias de situación que se emiten en *prime time*, con su gesticulación exagerada, sus voces estridentes y sus carcajadas excesivas– susurran sin ninguna sutileza que, en alguna parte, la vida es más rápida, más intensa, más interesante, más… bueno, más *animada* que la vida contemporánea tal como Joe Briefcase la conoce. Esto puede parecer inocuo hasta que consideramos que la actividad a la que el viejo y normal Joe Briefcase dedica más tiempo en su vida contemporánea es ver la televisión, una actividad que cualquiera con un cerebro normal puede ver que no proporciona una vida muy intensa y animada. Como la televisión tiene que intentar atraer espectadores ofreciendo una promesa etérea de evasión de la vida cotidiana, y como las estadísticas confirman que una parte tan exagerada de la vida ordinaria en Estados Unidos consiste en ver la tele, las promesas que la tele susurra deben deslegitimar el consumo en teoría de televisión («Joe, Joe, ahí fuera hay un mundo animado donde nadie pasa seis horas al día repantigado delante de un mueble»), mientras que en la práctica refuerzan ese consumo («Joe, Joe, tu mejor y único acceso a ese mundo es la tele»).

En fin, el bueno de Joe Briefcase tiene un cerebro en su sitio, y en el fondo sabe, igual que nosotros, que hay alguna clase de prestidigitación psicológica en ese sistema de susurros en conflicto. Pero si es un engaño tan descarado, ¿por qué tanto él como nosotros seguimos viendo la tele en dosis tan altas? Parte de la respuesta –una parte que requiere discreción para no caer en la paranoia antitelevisiva– es que el fenómeno de la televisión de alguna forma adiestra o condiciona nuestro consumo. La televisión se ha vuelto capaz no solamente de asegurarse que la miremos, sino de configurar de alguna forma nuestras respuestas más profundas a lo que vemos. Fíjense en esos críticos despectivos de la tele, o en esos amigos nuestros que sueltan soplidos burlones ante la semejanza asombrosa de toda esa televisión que sin embargo se sientan a ver. Siempre tengo deseos de agarrar a esos infelices por las solapas y zarandearlos hasta que les castañeteen los dientes y reparen en que nadie está apuntándolos con una pistola en la sien y se pregunten por qué demonios siguen mirándola entonces. Pero lo cierto es que hay alguna compleja y abundante transacción psicológica entre la tele y el Público, por la cual se adiestra al Público para que aprecie, agradezca y finalmente *espere* programas de televisión manidos, trillados y soporíferos, y a esperarlos hasta tal punto que, cuando las cadenas abandonan por alguna razón las fórmulas consagradas, el Público suele castigarlas negándose a ver los programas nuevos, de forma que las cifras de audiencia no permiten que el programa despegue. Por eso las cadenas no se defienden cuando se les critica porque en la mayoría de los casos –y hasta el ascenso de la metatelevisión sofisticada se podían contar las excepciones con los dedos de una mano– los programas «diferentes» o «bien pensados» simplemente no consiguen tener audiencia. Por alguna razón, la televisión de calidad no soporta la mirada de los millones.

En cambio, es cierto que ciertas técnicas de relaciones públicas –por ejemplo, el impacto, lo grotesco o la irreverencia– pueden impulsar programas novedosos a la viabilidad demográfica nacional. Algunos ejemplos pueden ser el «impactante» *A Current Affair*, el «grotesco» *Real People* o la «irreverente» *Matrimonio con hijos*. Pero estas series, como la mayoría de las que la industria presenta como «novedosas» o «escandalosas», resultan ser simples variaciones transparentes de viejas fórmulas.

No es justo culpar de la falta de originalidad de la televisión a ninguna falta de creatividad entre los creadores de las cadenas. La verdad es que casi nunca tenemos oportunidad de saber si alguien de los que están detrás de un programa de televisión es creativo, o, mejor dicho, son ellos los que casi nunca tienen oportunidad de demostrárnoslo. A pesar de que una parte de los críticos de la cultura pop presupone que el pobre público televisivo, en el fondo, «desea novedades», todas las pruebas indican, más bien, que el público realmente desea lo de siempre pero cree, en el fondo, que *tendría* que desear novedades. De aquí la mezcla de devoción y burla por parte de muchos espectadores. De aquí también la extraña complicidad del espectador con muchos falsos «programas rompedores» de la tele: Joe Briefcase necesita esa pátina publicitaria de «novedad» y «escándalo» para acallar su conciencia mientras sigue obteniendo de la televisión lo que todos hemos sido adiestrados para querer de ella: un *apaciguamiento* extrañamente americano, profundamente superficial y eternamente transitorio.

Sobre todo en la última década, esta tensión en el público entre lo que queremos y lo que creemos que tendríamos que querer ha sido el aliento y el pan de la televisión. La invitación autoparódica de la televisión a que aceptemos su indulgencia, su transgresión, su «rendición» gloriosa (tampoco ajenas a los ciclos de la adicción), es una de las dos formas ingeniosas en que ha consolidado su presa durante seis horas al día sobre las agallas de mi generación. La otra es la ironía posmoderna. Los anuncios del debut en Boston de la serie *Alf* dentro de un paquete de reposiciones muestran a ese muñeco gordo, cínico y gloriosamente decadente (tan parecido a Snoopy, a Garfield, a Bart, a Butthead) aconsejándome que «coma un montón y mire la tele». Su estrategia es una concesión irónica de permiso para que haga lo que se me da mejor cuando me siento confuso y culpable: adoptar, por dentro, una especie de posición fetal, una pose de recepción pasiva de la comodidad, la evasión y el apaciguamiento. El ciclo se alimenta de sí mismo.

Narraciones culpables

Tampoco es que ese conflicto cíclico sea nuevo. Se puede localizar el origen de la oposición entre lo que la gente hace y lo que debería desear ya en el carro de Platón o en el retorno del Hijo Pródigo. Pero la forma en que el espectáculo parece operar y producir fascinación en el seno de este conflicto se ha transformado en la cultura televisiva. La relación de esta cultura del espectador con el ciclo de indulgencia, culpa y apaciguamiento tiene consecuencias importantes para el arte americano, y aunque es fácil ver los paralelismos con el pop de Warhol o con el rock de Elvis, el diálogo más interesante es entre la televisión y la literatura americana.

Una de las cosas más reconocibles de la narrativa posmoderna de este siglo ha sido desde siempre el empleo estratégico por parte de ese movimiento de referencias a la cultura pop –nombres de marcas, gente famosa, programas de televisión– incluso en sus proyectos más elevados y elitistas. Piensen en cualquier ejemplo de narrativa americana de vanguardia de los últimos veinte años, desde la pasión de Tyrone Slothrop por las pastillas para la garganta Slippery Elm o su extraño encuentro con Mickey Rooney en *El arco iris de gravedad*, pasando por el fetiche que tiene con la columna de Coma Baby en el *New York Post* el protagonista de *Luces de neón*, hasta los sofisticados personajes pop de Don DeLillo diciéndose cosas como «Elvis cumplió los términos del contrato. Exceso, deterioro, autodestrucción, conducta grotesca, hinchazón física y una serie de insultos al cerebro, todo autoinfligido».[11]

La apoteosis del pop en el arte de la posguerra determinó un nuevo matrimonio entre la cultura de élite y la cultura popular. Porque la viabilidad artística del posmodernismo fue consecuencia directa, nuevamente, no de ninguna novedad en el terreno del arte, sino de la nueva importancia de la cultura comercial de masas. Los americanos ya no parecían unidos tanto por creencias comunes como por imágenes comunes: lo que nos une se ha convertido en aquello de lo que somos testigos. Nadie ve esto como un cambio positivo. De hecho, las referencias a la cultura pop se han convertido en metáforas tan potentes en la narrativa americana no solamente por lo muy unidos que estamos los americanos en nuestra exposición a las imágenes de masas, sino por nuestra psicología culpable e indulgente respecto a esa exposición. Dicho de forma simple, las referencias pop funcionan tan bien en la narrativa contemporánea porque *a*) todos reconocemos esas referencias, y *b*) todos nos sentimos un poco incómodos por reconocer esas referencias.

El estatus de las imágenes de la cultura popular en la narrativa posmoderna y contemporánea es

11. Don DeLillo, *White Noise*, Viking, 1985, p. 72. [Hay trad. cast.: *Ruido de fondo*, Circe, Barcelona, 1994].

muy distinto al lugar que ocupan esas imágenes en los antepasados artísticos del posmodernismo, por ejemplo, el «realismo sucio» de Joyce o el *Ur*-dadaísmo de algo como el urinario de Duchamp. La exposición estética por parte de Duchamp del objeto más vulgar servía un fin exclusivamente teórico: llevaba a cabo declaraciones como «El museo es un mausoleo es un meadero», etcétera. Era un ejemplo de lo que Octavio Paz llama «metaironía»,[12] un intento de revelar que categorías que separamos como artístico/superior y vulgar/inferior en realidad son tan interdependientes que resultan coextensivas. El uso de referencias populares en mucha de la narrativa culta actual, por otro lado, cumple una función menos abstracta. Pretende *a*) contribuir a crear una atmósfera de ironía e irreverencia, *b*) hacernos sentir incómodos y por tanto hacer un «comentario» sobre la superficialidad de la cultura americana, y *c*) lo más importante, hoy día, ser realista.

Pynchon y DeLillo se adelantaron a su época. Hoy día, la idea de que las imágenes pop son simples artefactos miméticos es una de las actitudes que separan a la mayoría de los narradores americanos de menos de cuarenta años de la generación que nos precede, nos reseña y diseña nuestros programas de posgrado. Esta separación generacional en la concepción del realismo depende, una vez más, de la tele. La generación de americanos naci-

12. Octavio Paz, *Children of the Mire*, Harvard University Press, 1974, pp. 103-118. [Hay trad. cast.: *Los hijos del limo*, Seix Barral, Barcelona, 1985].

dos después de 1950 es la primera para la cual la televisión ha sido algo que vivir en lugar de algo que ver. Nuestros mayores tendían a ver el televisor igual que las *flappers* veían el automóvil: como una curiosidad convertida en lujo convertido en seducción. Para los jóvenes escritores, la tele es parte de la realidad en la misma medida que los Toyota y los atascos de tráfico. No podemos, literalmente, imaginarnos la vida sin ella. No somos distintos de nuestros padres porque la televisión presente y defina nuestro mundo contemporáneo. Nos distinguimos de ellos en que no tenemos recuerdos de un mundo carente de esa definición eléctrica. Por eso resulta al mismo tiempo comprensible e insensato el hecho de que muchos narradores mayores se burlen de la llamada «nueva generación» porque no tenemos suficiente conciencia crítica de la televisión. Es cierto que hay algo triste en el hecho de que la única descripción de los personajes en los cuentos de David Leavitt sean las marcas que llevan impresas en las camisetas. Pero lo cierto es que, para la mayoría de los lectores jóvenes y educados de Leavitt, miembros de una generación criada y alimentada con mensajes que equivalían a la idea de que Uno Es Lo Que Consume, las descripciones de Leavitt funcionan a la perfección. En nuestro mundo posterior a los cincuenta, inseparable del depósito televisivo de asociaciones, la lealtad a unas marcas funciona verdaderamente como sinécdoque de la personalidad; esto es un hecho.

Para aquellos escritores americanos cuyos ganglios se desarrollaron antes de la tele, que no conocen ni a Duchamp ni a Octavio Paz y que no tienen la intuición profética de un DeLillo, el empleo mimético de iconos de la cultura pop parece en el mejor de los casos un tic molesto y en el peor una muestra de peligrosa superficialidad que compromete la seriedad de la narrativa poniéndole una fecha que la exilia de la Eternidad Platónica donde tendría que residir. En uno de los seminarios de posgrado a los que asistí, cierta eminencia gris siempre intentaba convencernos de que un relato o una novela tenían que evitar «cualesquiera elementos que sirvan para fecharlo»[13] porque «la narrativa seria ha de ser intemporal». Cuando le replicamos que en su obra los personajes ocupaban habitaciones con iluminación eléctrica, iban en coche, no hablaban anglosajón sino inglés de posguerra, y habitaban una América ya separada de África por la deriva continental, el profesor corrigió con impaciencia su prohibición limitándola a aquellas referencias explícitas que fecharan un relato en el «Ahora Frívolo». Cuando le preguntamos de qué iba eso del Ahora Frívolo, dijo que por supuesto aludía a las referencias a los «medios de comunicación populares de moda». Y en ese momento se rompió la comunicación transgeneracional. Nos quedamos mirándolo con cara inexpresiva. Nos rascamos las cabecitas. No lo entendíamos. Aquel tipo y sus alumnos simplemente no concebíamos del mismo modo el mundo «serio». Su intemporalidad automovilística y la nuestra emitida por la MTV no eran la misma.

13. Este profesor era la clase de individuo que decía «cualesquiera elementos» cuando lo más sencillo y adecuado sería decir «todos los elementos», para que se hagan una idea.

Si uno lee los suplementos literarios más importantes, se puede ver con claridad la trifulca intergeneracional de la que esta escena es un ejemplo.[14] Lo cierto es que muchas cosas relacionadas con la producción de narrativa han cambiado para los jóvenes escritores americanos de hoy. Y la televisión es el vórtice de la mayor parte del flujo. Porque los jóvenes escritores no son solamente artistas que sondean los intersticios más nobles de lo que Stanley Cavell llama la «voluntad de ser complacido» del lector. También somos, en la actualidad, partes autodefinidas del Gran Público americano y tenemos nuestros propios centros de placer estético; y la televisión nos ha formado y adiestrado. No tiene sentido, por tanto, que el *establishment* literario se queje, por ejemplo, de que los personajes de los escritores jóvenes no tienen conversaciones interesantes entre ellos o de que sus autores escriben diálogos «enlatados». Puede que sean enlatados, pero lo cierto es que, de acuerdo con la experiencia de los jóvenes americanos, la gente que hay en una misma habitación no suele tener conversaciones directas. Lo que hace la mayor parte de la gente que conozco es sentarse todos en la misma dirección, quedarse mirando la misma cosa y estructurar conversaciones de la duración de un anuncio acerca del tipo de cuestiones de las que podrían hablar dos espectadores miopes de un accidente de coche: «¿Has visto lo mismo que

14. Si quieren ver una andanada típica de esta guerra generacional, lean «A Failing Grade for the Present Tense», de William Gass, en el *New York Times Book Review* del 11 de octubre de 1987.

yo?». Además, si vamos a hablar de las virtudes del «realismo», la escasez de conversaciones profundas en la narrativa joven me parece que refleja con precisión no solamente a nuestra generación; quiero decir que con seis horas diarias de tele, en las casas de la gente joven y vieja, ¿cuántas conversaciones puede haber? Así pues ¿cuál es realmente la estética literaria con «fecha de caducidad»?

En términos de historia literaria, es importante reconocer la distinción entre referencias pop y televisivas, por un lado, y el mero uso de técnicas sacadas de la tele, por el otro. Estas últimas han existido siempre en la narrativa. El Voltaire de *Cándido*, por ejemplo, emplea una ironía audiovisual que enorgullecería a Ed Rabel cuando hace que Cándido y Pangloss vayan corriendo sonrientes y diciendo: «Todo va a mejor en el mejor de todos los mundos posibles» rodeados de los estragos de la guerra, los pogromos, la maldad desenfrenada, etcétera. Incluso los creadores del modernismo anglosajón, cuando usaban el monólogo interior, en gran medida estaban construyendo la misma clase de ilusión acerca de la intromisión en la intimidad y el espionaje de lo prohibido que la televisión ha llevado a cabo de forma tan efectiva. Y no hablemos ya de Balzac.

Fue en la América posterior a la guerra atómica cuando la influencia pop en la literatura dejó de ser meramente técnica. Para cuando la televisión soltó su primer berrido, la cultura popular americana de masas ya parecía viable para el arte culto como colección de símbolos y mitos. Los obispos de este movimiento de creadores de referencias pop fueron los humoristas negros posnabokovnianos, los metanarradores y los diversos francófilos y latinófilos que solamente más tarde serían conocidos como posmodernos. La narrativa erudita y sardónica de los humoristas negros introdujo una generación de nuevos narradores que se veían a sí mismos como una especie de vanguardia, no solamente cosmopolitas y políglotas, sino también provistos de conocimientos tecnológicos, productos de más de una región, tradición y teoría, y ciudadanos de una cultura que hacía sus declaraciones más importantes acerca de sí misma en los medios de comunicación de masas. En este sentido uno piensa sobre todo en el William Gaddis de *Los reconocimientos* y de *JR*, en el John Barth de *El final del camino* y de *El plantador de tabaco*, y en el Pynchon de *La subasta del lote 49*. Pero la tendencia al tratamiento del pop como depósito de mitos ganó ímpetu y pronto fue más allá de una escuela y un género. Cogiendo libros casi al azar de mis estanterías, encuentro el libro de 1986 del poeta James Cummins, *The Whole Truth*, un ciclo de sextinas que deconstruye a Perry Mason. Está también la novela de Robert Coover *The Public Burning* (1966), donde Eisenhower sodomiza a Nixon en directo, o *A Political Fable* (1968) del mismo autor, donde el Gato con Sombrero del doctor Seuss se presenta a las elecciones presidenciales. Encuentro el libro de Max Apple *The Propheteers* (1986), una fantasía novelada sobre las penurias de Walt Disney. Cito aquí parte del poema de Bill Knott, «And Other Travels» (1974):

... en la mano yo llevaba un látigo de nueve puntas untadas de Clearasil me sentía preocupado porque Dick Clark le había dicho al cámara

que no me sacara con la cámara durante los números de baile del programa porque mi falda era demasiado ajustada,[15]

lo cual constituye un ejemplo perfecto porque, aunque esta estrofa aparece en el poema sin nada que pueda hacerle de contexto o de apoyo, de hecho se apoya *a sí misma* en una referencia que todos y cada uno de nosotros entendemos de inmediato, puesto que conjura, con aquella vanidad ritualizada de *American Bandstand*, la inseguridad adolescente, la gestión de momentos de espontaneidad. Es la imagen pop perfecta, al mismo tiempo ligera y universal, reconfortante y desconcertante.

Recuerden que el fenómeno de mirar y la consciencia de mirar son expansivos por naturaleza. Lo que distingue a otra ola posterior de literatura posmoderna es un alejamiento de las imágenes de la televisión como objetos válidos de alusión literaria y un acercamiento a la televisión y el metaconsumo como *temas* válidos. Me refiero a cierta literatura que empieza a encontrar su razón de ser en su comentario/reacción a una cultura estadounidense más dedicada al consumo televisivo, a la ilusión y la imagen de vídeo. Esta involución de la atención fue observable por primera vez en la poesía académica. Véase, por ejemplo, el poema de Stephen Dobyns, «Arrested Saturday Night» (1980):

---

15. En Bill Knott, *Love Poems to Myself, Book One*, Barn Dream Press, 1974.

Así es como pasó: Peg y Bob habían invitado
a Jack y Roxanne a su casa para ver
la tele, y en la pantalla vieron a Peg y Bob
y a Jack y Roxanne mirándose a sí mismos
mirarse a sí mismos en teles cada vez más
[pequeñas...[16]

o el poema de Knott, «Crash Course» (1983):

Me ato un monitor de televisión en el pecho para
que todos los que se acerquen puedan verse y reaccionar de forma apropiada.[17]

El verdadero profeta de este cambio en la narrativa americana, sin embargo, fue el ya mencionado
Don DeLillo, un novelista conceptual subestima-
do durante mucho tiempo que ha convertido la señal
y la imagen en sus motivos combinados, del mismo
modo que Barth y Pynchon esculpieron con parálisis
y paranoia una década antes. *Ruido de fondo* (1985),
de DeLillo, constituyó, para la nueva hornada de
narradores, un toque a rebato. Escenas como la que
sigue resultaron especialmente importantes:

Varios días después, Murray acudió a mí interesán-
dose por una atracción turística conocida como el
establo más fotografiado de Norteamérica. Recorri-
mos treinta y cinco kilómetros a través de la campi-

16. En Stephen Dobyns, *Heat Death*, McLelland and
Stewart, 1980.
17. En Bill Knott, *Becos*, Vintage, 1983.

ña de Farmington. Se veían prados y huertos de manzanos. Los vastos campos aparecían surcados por blancas hileras de vallas. No tardaron en comenzar a verse los anuncios. EL ESTABLO MÁS FOTOGRAFIADO DE NORTEAMÉRICA. Contamos cinco de ellos antes de llegar al lugar... Avanzamos a lo largo de un sendero de ganado hasta el punto, ligeramente elevado, desde el que los visitantes tomaban sus fotografías. Todos los visitantes llevaban cámara fotográfica; algunos incluso trípodes, teleobjetivos y juegos de filtros. En una cabina, un hombre vendía postales y diapositivas: imágenes del establo tomadas desde el mirador elevado. Permanecimos cerca de un bosquecillo de árboles y observamos a los fotógrafos. Murray guardó un largo silencio, garabateando notas a intervalos en una pequeña libreta.

–Nadie ve el establo –dijo finalmente.

A esto siguió un silencio igualmente prolongado.

–Cuando uno ha visto los anuncios del establo, resulta imposible ver el establo en sí.

Enmudeció una vez más. Los presentes abandonaban el mirador con sus cámaras y eran reemplazados inmediatamente por nuevos visitantes.

–No estamos aquí para capturar una imagen sino para mantenerla. Cada fotografía no hace sino incrementar su aura. ¿Lo notas, Jack? Una acumulación de energías sin nombre.

De nuevo un largo silencio. El hombre de la cabina seguía vendiendo postales y diapositivas.

–El hecho de estar aquí constituye una suerte de rendición espiritual. Solo vemos aquello que ven los demás. Los miles que han acudido en el pasado, los que acudirán en el futuro. Hemos aceptado formar parte de una percepción colectiva y eso, literalmente, proporciona color a nuestra perspectiva. En cierto modo es como una experiencia religiosa, igual que cualquier forma de turismo.

De nuevo, silencio.

–Están tomando fotos de gente tomando fotos –dijo.[18]

He citado esto en toda su extensión no solamente porque es demasiado bueno para cortarlo, sino también para llamar la atención de ustedes sobre dos elementos importantes. Uno es el mensaje dobynsiano sobre la metástasis del acto de mirar. Porque no solamente somos gente mirando un establo cuya única fama reside en ser objeto de miradas, sino que el académico de la cultura pop Murray está mirando a gente que mira un establo, y su amigo Jack está mirando a Murray mirar a los que miran, y nosotros los lectores estamos mirando de forma obvia cómo Jack el narrador mira a Murray mirar, etcétera. Si uno excluye al lector, hay una regresión similar de representaciones del establo y del acto de mirar el establo.

Pero más importantes son las complejas ironías que operan en la escena. La escena en sí es absurda y absurdista. Pero la mayor parte de la fuerza paródica del texto va dirigida a Murray, el aspirante a trascender el acto de la expectación. Al observar y analizar, Murray intenta adivinar el mecanismo y las razones que llevan a unirse al visionado colecti-

18. Don DeLillo, *Ruido de fondo*, Circe, Barcelona, 1994, pp. 21-22.

vo de imágenes de masas que se han convertido en imágenes de masas solamente porque se han convertido en el objeto de visionado colectivo. El «largo silencio» del narrador en respuesta al parloteo de Murray es muy elocuente. Pero no es que denote simpatía implícita hacia la multitud de borregos ansiosos de fotografías. Esos pobres congéneres de Joe Briefcase no son menos objeto de burla por el hecho de que su crítico «científico» esté siendo ridiculizado. El tono narrativo de toda la escena es una especie de soplido de burla con la cara seria, esa cara seria característica de la ironía, con el propio Jack mudo durante el diálogo de Murray, ya que hablar en voz alta durante la escena habría convertido al narrador en parte de la farsa (en lugar de ser un «observador y registrador» distanciado y trascendente) y a su vez vulnerable también a la burla. Con su silencio, Jack, el álter ego de DeLillo, diagnostica elocuentemente la misma enfermedad que sufren por igual tanto él como Murray, los que miran la cabaña y nosotros.

Tengo una tesis

Quiero convencerlos de que la ironía, el silencio con cara de póquer y el miedo al ridículo son distintivos de esos rasgos de la cultura americana contemporánea (de la que la narrativa de vanguardia es parte) que guardan alguna relación significativa con la televisión que tiene a mi generación agarrada por el cuello. Voy a afirmar que la ironía y el ridículo entretienen y son efectivos, pero al mismo tiempo son agentes de una desesperación enorme y de una parálisis de la cultura americana, y que para los aspirantes a narradores plantean unos problemas especialmente terribles.

Mis dos grandes premisas son que, por un lado, en los últimos tiempos ha surgido cierto subgénero de narrativa posmoderna consciente del pop, escrita básicamente por americanos jóvenes, que ha hecho un intento real de transfigurar un mundo forjado en la apariencia, la fascinación masiva y la televisión, y consagrado a ellas; y que, por otro lado, la cultura televisiva ha evolucionado de alguna forma hasta un punto en el que parece invulnerable a esos intentos de transfiguración. En otras palabras, la televisión se ha vuelto capaz de capturar y neutralizar todo intento de cambio o incluso de protesta contra las actitudes de disgusto pasivo y de cinismo

que la televisión requiere del Público para ser comercial y psicológicamente viable en dosis de varias
horas diarias.

Narrativa de la imagen

El subgénero particular de narrativa que tengo en mente ha sido llamado por algunos editores pos-posmodernismo y por algunos críticos hiper-rrealismo. Algunos de los lectores y autores jóvenes que conozco lo llaman narrativa de la imagen. La narrativa de la imagen es básicamente una involución ulterior de las relaciones entre literatura y pop que florecieron con el posmodernismo en los años sesenta. Si los padres de la Iglesia posmodernista consideraron las imágenes pop *referentes* y *símbolos* válidos para la narrativa, y si en los años setenta y ochenta esta llamada a los elementos de la cultura de masas se desplazó del uso a la mención –es decir, ciertas vanguardias empezaron a tratar el pop y el consumo de televisión como *temas* válidos en sí mismos–, la nueva narrativa de la imagen usa los mitos fugaces y recibidos de la cultura popular como un *mundo* en el que imaginar ficciones sobre personajes «reales», si bien mediados por la cultura pop. Los primeros ejemplos de las tácticas imaginistas se pueden ver en *Great Jones Street* de Don DeLillo, *The Public Burning* de Robert Coover y en Max Apple, cuyo relato de los setenta «The Oranging of America» proyecta una vida interior en la figura de Howard Johnson.

Pero a finales de los ochenta, a pesar de la inquietud de los editores por los problemas legales de imaginar vidas privadas para figuras públicas, una cosecha extraordinaria de este rollo detrás-del-cristal empezó a emerger, gracias a una serie de autores que no se conocieron ni se influyeron entre sí. *The Propheteers* de Max Apple, *Krazy Kat* de Jay Cantor, *A Night at the Movies* o *You Must Remember This* de Robert Coover, *You Bright and Risen Angels* de William T. Vollmann, *Movies: Seventeen Stories* de Stephen Dixon y el holograma ficticio de Lee Harvey Oswald que lleva a cabo DeLillo en *Libra* son todos ejemplos notables posteriores a 1985. (Observen también que, en otro medio durante los ochenta, producciones cultas como *Zelig*, *La rosa púrpura de El Cairo*, *Sexo, mentiras y cintas de vídeo*, además de las películas de bajo presupuesto *Scanners*, *Videodrome* y *Shocker* empezaron a tratar las pantallas de los espectáculos de masas como superficies permeables).

Ha sido en el último año cuando la narrativa de la imagen ha despegado realmente. En el libro de A. M. Homes, *The Safety of Objects* (1990), hay un tormentoso relato de amor entre un chico y una muñeca Barbie. En el libro de *The Rainbow Stories* (1989), aparecen aparatos Sony como personajes de parábolas heideggerianas. *Fort Wayne Is Seventh on Hitler's List* (1990), de Michael Martone, es un denso ciclo de relatos acerca de los gigantes de la cultura pop del Medio Oeste –James Dean, el coronel Sanders, Dillinger–, un proyecto que en su conjunto, descrito en un prefacio acerca de las tribulaciones legales de la narrativa de la imagen, consiste en «cuestionar la frontera entre hechos y ficción en presencia del fenómeno de la fama».[19] Y el éxito en ambientes universitarios de Mark Leyner, *My Cousin, My Gastroenterologist* (1990), no tanto una novela como lo que la solapa describe como «un análogo narrativo de la mejor droga que hayas tomado», ofrece desde meditaciones acerca del color de los envoltorios de los salvaslips de Carefree, pasando por «la Gran Ardilla, ese presentador de programas infantiles de la tele y mercenario kung-fu», hasta repeticiones de jugadas de la NFL con una «visión de rayos X que muestra esqueletos saltando en un vacío azulado y rodeado por setenta y cinco mil calaveras gritando».[20]

Una cosa que debo recalcar acerca de este nuevo subgénero es que no solamente se distingue por cierta técnica neoposmodernista sino por todo un programa socioartístico. La narrativa de la imagen no es el simple uso o mención de la cultura televisiva sino una verdadera *reacción* a ella, un esfuerzo para imponer alguna clase de responsabilidad sobre un estado de las cosas en el que más americanos ven las noticias por la televisión que en los periódicos y en el que más americanos ven cada noche *La ruleta de la fortuna* que todos los programas de noticias de las tres cadenas nacionales juntos.

Y por favor, entiendan que la narrativa de la imagen, lejos de ser una novedad experimental de moda,

19. Michael Martone, *Fort Wayne Is Seventh on Hitler's List*, Indiana University Press, 1990, p. ix.
20. Mark Leyner, *My Cousin, My Gastroenterologist*, Harmony/Crown, 1990, p. 82.

es casi atávica. Es una adaptación natural de las técnicas antediluvianas del realismo a un mundo de los noventa cuyos límites definitorios han sido deformados por la señal eléctrica. Porque una de las tareas principales de la narrativa realista era proporcionar caminos para traspasar fronteras, ayudar a los lectores a saltar sobre las paredes del yo y de lo local y mostrarnos gentes, culturas y formas de ser nunca vistas ni soñadas. El realismo convertía lo extraño en familiar. Hoy día, aunque podemos comer comida Tex-Mex con palillos mientras escuchamos reggae y ver la retransmisión por un satélite soviético de la caída del muro de Berlín –es decir, cuando casi *todo* se presenta como algo familiar–, no es de extrañar que parte de la narrativa realista más ambiciosa se esté proponiendo convertir lo familiar en extraño. Al hacerlo, al pedir acceso narrativo al otro lado de las lentes, las pantallas y los titulares y volver a imaginar cómo sería realmente la vida humana al otro lado del abismo de la ilusión, la mediación, la demografía, la mercadotecnia, la *imago* y la apariencia, la narrativa de la imagen está intentando paradójicamente restaurar lo que se entiende por «real» a las tres dimensiones, reconstruir un mundo unívocamente redondo a partir de corrientes dispares de visiones planas.

Esa es la buena noticia.

La mala noticia es que, sin apenas excepciones, la narrativa de la imagen no logra lo que se propone. En cambio, a menudo degenera en una especie de mirada superficial y burlona «entre los bastidores» de la misma fachada televisiva de la que la gente ya se ríe, una fachada tras cuyos bastidores ya se pueden ver colas gracias a *Entertainment Tonight* y *Remote Control*.

La razón por la que la narrativa de la imagen actual no ofrece una salida a la psicología pasiva y adictiva de la televisión que tanto se esfuerza por ofrecer es que la mayoría de los autores de narrativa de la imagen ofrecen su material con el mismo tono de ironía y autoconsciencia que sus predecesores, los rebeldes literarios del movimiento beat y el posmodernismo, usaron para rebelarse contra su propio mundo y su contexto. Y la razón por la que este método posmodernista irreverente no logra ayudar a los nuevos imaginistas a transfigurar la tele es simplemente que la tele les ha ganado de paliza. Lo cierto es que durante al menos diez años, la televisión ha estado absorbiendo ingeniosamente, homogeneizando y representando la misma estética cínica y posmoderna que una vez fue la mejor alternativa a la llamada de la narrativa popular, complaciente y para públicos masivos. Resulta macabramente fascinante ver cómo la televisión ha hecho esto.

Un breve intermedio para evitar la paranoia. Al decir que la narrativa de la imagen intenta «rescatarnos» de la tele, tampoco estoy sugiriendo que la televisión tenga planes diabólicos, o quiera nuestras almas, o lave el cerebro de la gente. De nuevo me refiero únicamente a esa clase de condicionamiento natural del público consecuencia de elevadas dosis diarias, un condicionamiento tan sutil que se puede observar mejor de forma indirecta, mediante ejemplos. Y si un término como «condicionamiento» les sigue pareciendo hiperbólico o histérico, les pido que consideren por un momento la cuestión ejemplar de la belleza física. Una de las cosas que hace adecuada a la gente de la televisión para soportar la megamirada es que son, para los estándares humanos ordinarios, extremadamente guapos. Sospecho que esto, como la mayoría de las convenciones televisivas, no está pensado con ningún fin más siniestro que llegar al mayor público posible: suele resultar más agradable mirar a gente guapa que a gente que no lo es. Pero cuando hablamos de la televisión, la combinación de unos públicos inmensos y una comunicación psíquica silenciosa entre imágenes y mirones inicia un ciclo que al mismo tiempo intensifica el atractivo de la gente guapa y erosiona nuestra seguridad como espectadores a la hora de soportar miradas ajenas. Debido a la forma en que los seres humanos nos relacionamos con las narraciones, tendemos a identificarnos con los personajes que nos resultan atractivos. Intentamos vernos a nosotros mismos reflejados en ellos. La misma relación de identificación, sin embargo, comporta también que intentamos verlos a ellos reflejados en nosotros. Puesto que todo el mundo con quien intentamos identificarnos durante seis horas al día es gente guapa, naturalmente se vuelve más importante para nosotros ser guapos, que los demás nos consideren guapos. Debido a que ser guapo se convierte en una prioridad para nosotros, la gente guapa de la tele se vuelve más atractiva, un ciclo que obviamente resulta muy beneficioso para la tele. Pero no tan beneficioso para nosotros los civiles, que solemos tener espejos en casa, y que también acostumbramos a no ser ni mucho menos tan guapos como las imágenes de la tele con las que nos queremos identificar. Esto no solamente nos causa cierta angustia personal, sino que la angustia aumenta porque, en todo el país, todo el mundo está absorbiendo también dosis diarias de seis horas e identificándose con gente guapa y valorando la belleza cada vez más. Esta angustia tan personal acerca de nuestra belleza física se ha convertido en un fenómeno nacional con consecuencias en todo el país. Todo Estados Unidos ha cambiado en su percepción de las cosas que valora y teme. El boom de los dietistas, la salud y los gimnasios, los salones de bronceado en cada vecindario, la cirugía plástica, la anorexia y la bulimia, el uso de esteroides entre los chicos, las chicas que se tiran ácido las unas a las otras porque el pelo de una se parece más al de Farrah Fawcett que el de la otra. ¿Se supone que estas cosas no están relacionadas entre sí? ¿Ni con la apoteosis de la belleza física en la cultura televisiva?

No es paranoico ni histérico reconocer que la televisión en dosis enormes afecta de forma profunda a los valores de la gente y la percepción que tiene de sí misma. Tampoco lo es el hecho de que el condicionamiento televisivo influye sobre toda la psicología de la relación de cada cual consigo mismo, con su espejo, con sus seres queridos y con un mundo de gente real y miradas reales. Nadie va a afirmar que una cultura basada en el acto de mirar y en la apariencia queda fatalmente comprometida por unos criterios irreales de belleza y de forma física. Pero otras facetas del condicionamiento televisivo se revelan más mezquinas y más graves de lo que ningún autor de narrativa irreverente querría tomarse en serio.

El aura de la ironía

Es algo ampliamente reconocido que la televisión, con su batería de estadísticos y encuestadores con gafas de concha, es extremadamente hábil para discernir tendencias en el flujo de las ideologías populares, absorber esas tendencias, procesarlas y por fin representarlas como argumentos en favor del acto de mirar y comprar. Es sabido, por ejemplo, que los anuncios dirigidos a los prósperos miembros de la generación del *baby boom* usan versiones modificadas de canciones de la cultura rock de los sesenta y los setenta para provocar el ansia asociada a la nostalgia y ligar la compra de productos con lo que para los yuppies es una era perdida de convicciones genuinas. Las furgonetas deportivas Ford se anuncian con el eslogan: «Este es el inicio de la era de Aerostar». Ford ha litigado en los tribunales recientemente con Bette Midler por el robo de su voz en «Do You Wanna Dance?». Las pasas de plastilina del Consejo Regulador de las Pasas de California bailan al ritmo de «Heard It Through the Grapevine», etcétera. Si la reutilización cínica de las canciones y de los ideales que solían representar resulta desagradable, los músicos de pop tampoco parecen paradigmas de la no comercialización, y de todas formas nadie ha dicho nunca que vender fuera agradable. Los efectos de cualquier ejemplo de absorción y banalización de recuerdos culturales parecen bastante inocuos. El reciclaje de corrientes culturales enteras y de las ideologías que representaban es otra historia.

La cultura pop americana es idéntica a la cultura seria americana en el hecho de que su corriente central siempre ha opuesto la nobleza del individualismo a la calidez de la pertenencia a la comunidad. Durante sus primeros veinte años, parecía que la televisión apelaba sobre todo a la parte de la ecuación relativa a la pertenencia al grupo. En los inicios de la tele se ensalzaban la comunidad y los vínculos, aunque la tele misma, y especialmente la publicidad, se ha proyectado desde el principio hacia el espectador solitario, Joe Briefcase. (Los anuncios de televisión siempre se dirigen a individuos, nunca a grupos, un hecho que parece curioso a la luz del tamaño sin precedentes del público de la tele, hasta que uno oye a los vendedores expertos explicar que la gente siempre es más vulnerable, y por tanto asustadiza, y por tanto fácil de convencer, si se los aborda cuando están solos).

Los anuncios de televisión clásicos trataban acerca del grupo. Tomaban la vulnerabilidad de Joe Briefcase –sentado ahí, mirando uno de sus muebles, solo– y se aprovechaban de ella vinculando la compra de cierto producto con la inclusión de Joe Briefcase en alguna comunidad atractiva. Por eso los que tenemos más de veintiún años nos acordamos de todos aquellos viejos anuncios intercambiables donde salían grupos de gente guapa en contextos de éxtasis, todos divirtiéndose más de lo que cualquiera tiene licencia para divertirse y todos unidos como Grupo Feliz por el hecho manifiesto de que tienen en la mano cierta botella de refresco o marca de aperitivos; el atractivo ostensible consiste en que el producto en cuestión puede ayudar a Joe Briefcase a integrarse en algo: «Somos la generación Pepsi…».

Pero al menos desde los ochenta, el bando individualista de la gran conversación americana ha dominado la publicidad televisiva. No estoy seguro de cómo ni por qué ha sucedido esto. Probablemente se puedan localizar conexiones profundas –con Vietnam, la cultura juvenil, el Watergate, la recesión y el ascenso de la Nueva Derecha–, pero lo cierto es que muchos de los anuncios televisivos más efectivos ahora se dirigen a un espectador solitario de una forma terriblemente distinta. Ahora los productos se anuncian más a menudo como instrumentos para que el espectador «se exprese», afirme su individualidad, «se destaque entre la multitud». El primer ejemplo que vi de esto fue una colonia muy anunciada a principios de los ochenta por reaccionar supuestamente con la «química corporal única» de cada mujer y crear «su propio aroma individual». El anuncio mostraba una hilera de modelos lánguidas que aguardaban apretadas e inexpresivas su turno para que les rociaran las muñecas, luego experimentaban una especie de revelación bioquímica al olerse las muñecas húmedas y una panorámica desde atrás mostraba que se alejaban en direcciones distintas del individuo de la colonia. (Podemos pasar por alto las connotaciones sexuales obvias, el hecho de rociar y todo eso; algunas tácticas nunca cambian). O recuerden esa serie reciente de sombríos anuncios en blanco y negro de Cherry Seven Up donde los únicos personajes que aparecen en color y destacan de su entorno son la gente rosa que se vuelve rosa en el mismo momento en que bebe el viejo Cherry Seven Up. Ahora se encuentran en todas partes ejemplos de esta idea de destacar.

Salvo por ser más idiotas (los productos que se supone que distinguen a los individuos de la multitud se venden a multitudes de individuos), estos anuncios no son realmente más complejos ni sutiles que los viejos anuncios sobre Joe-integrándose-en-el-grupo que ahora parecen tan rancios. Pero la relación que establecen los nuevos anuncios sobre el alejamiento del rebaño con su masa de espectadores solitarios es al mismo tiempo compleja e ingeniosa. Los mejores anuncios de hoy día siguen hablando del grupo, pero ahora presentan al grupo como algo terrible, algo que puede engullirte, borrarte, volverte «invisible». Pero ¿invisible para quién? Las multitudes siguen teniendo una importancia vital en la tesis publicitaria del alejamiento como acceso a la identidad, aunque ahora la multitud del anuncio, en lugar de resultar más atractiva, segura y animada que el individuo, funciona como una masa de miradas idénticas e inexpresivas. La multitud es ahora, paradójicamente, tanto *a*) el «rebaño» en contraste con el cual se define la identidad distintiva del espectador, como *b*) los testigos cuya mera visión puede conferir una identidad distintiva. El aislamiento del espectador solitario delante de su mueble es aplaudido de forma implícita –es mejor y más real, parecen implicar esos anuncios, volar en solitario– y sin embargo, también se quiere decir que es algo amenazante y confuso, ya que después de todo Joe Briefcase no es idiota, ahí sentado, y sabe que como espectador es culpable de los dos grandes pecados que los anuncios condenan: ser un espectador pasivo (de la tele) y ser parte de un gran rebaño (de espectadores de televisión y compradores de productos para destacar). Qué extraño.

La superficie de los anuncios que promueven la separación del grupo presenta un mensaje relativamente simple de Compra Esto, pero el mensaje profundo de la televisión en relación con estos anuncios parece ser que el estatus ontológico de Joe Briefcase como uno más dentro de una masa reactiva de espectadores resulta, a cierto nivel, poco firme, contingente, y que la verdadera realización del yo consiste en última instancia en que Joe se transforme en una de las imágenes que constituyen los *objetos* de la gigantesca mirada del rebaño. Es decir, el auténtico mensaje de la televisión en estos anuncios es que es mejor estar dentro de la tele que permanecer fuera y mirando.

La soledad ensalzada de la publicidad que promueve la separación, por tanto, no solamente vende productos comerciales. Se las arregla de forma brillante para asegurar –incluso en los anuncios que la televisión paga para emitir– que en última instancia es la tele, y no ningún producto o servicio específico, lo que Joe Briefcase va a considerar el árbitro último del valor humano. Un oráculo para consultarlo *todo el tiempo*. El estudioso de la publicidad Mark C. Miller lo explica de forma sucinta: «La tele ha pasado de la celebración explícita de artículos al refuerzo implícito de esa actitud del espectador que la tele requiere de nosotros».[21] Los anuncios solipsistas son

---

21. Mark Crispin Miller, «Deride and Conquer», en la antología de Gitlin.

otra forma que tiene la televisión de señalarse a sí misma: hacer que la relación del espectador con su mueble sea al mismo tiempo alienada y analítica.

Tal vez, sin embargo, la relación del espectador contemporáneo con la televisión contemporánea no sea tanto un paradigma de infantilismo y de adicción como de la relación clásica de Estados Unidos con la tecnología en general, que equiparamos al mismo tiempo con la libertad y el poder y con la esclavitud y el caos. Porque, como en el caso de la televisión, no importa si amamos personalmente la tecnología, la odiamos, la tememos o las tres cosas al mismo tiempo, seguimos buscando de forma incansable en la tecnología soluciones a los mismos problemas que la tecnología parece causar: véase, por ejemplo, la catálisis para la polución, la Iniciativa de Defensa Estratégica para los misiles nucleares, los trasplantes para las diversas podredumbres.

Y del mismo modo que con la tecnología, la *gestalt* de la televisión se expande para absorber todos los problemas asociados con ella. Las falsas comunidades de las series emitidas en horas de máxima audiencia, como *California* o *Treintaytantos*, son productos reconfortantes para el espectador del mismo medio, cuya ambigüedad acerca del Grupo ayuda a erosionar la noción de pertenencia de la gente. El montaje entrecortado, los eslóganes y el tratamiento sumario de cuestiones espinosas es la forma que tienen los noticiarios nacionales de acomodarse a un Público cuyo lapso de atención y apetito de complejidad se han marchitado ligeramente después de años de consumo televisivo en altas dosis. Etcétera.

Pero la tele ha creado sus propios problemas derivados de la tecnología. La llegada del cable, a menudo con paquetes de más de cuarenta canales, amenaza por igual a las redes nacionales y a las empresas locales afiliadas. Esto resulta particularmente cierto cuando el espectador está armado con un mando a distancia: Joe Briefcase sigue consumiendo sus seis horas de televisión diaria, pero la cantidad de tiempo retinal que dedica a cada opción se reduce bruscamente cuando pasa a examinar con el mando un espectro mucho más amplio. Peor todavía, el reproductor de vídeo, con sus temibles funciones de avanzar deprisa y saltarse partes, amenaza la misma viabilidad de los anuncios. ¿Cuál es la solución completamente sensata por parte de los programadores de anuncios? Hacer que los anuncios sean tan atractivos como los programas. O en cualquier caso intentar evitar que a Joe Briefcase le disgusten tanto los anuncios como para desear mover el dedo y ver dos minutos y medio de *Hazel* en Superstation mientras la NBC anuncia crema labial. Hacer que los anuncios sean más bonitos, más animados, llenos de cuantos visuales yuxtapuestos de forma lo bastante rápida como para que la atención de Joe no deambule, incluso si quita el volumen con el mando a distancia. Tal como lo explica un ejecutivo publicitario: «Los anuncios cada vez se vuelven más como películas».[22]

Por supuesto, hacer que los anuncios se parezcan a los programas tiene una contrapartida. Que los programas empiecen a parecerse cada vez más a los

22. De Foote, Cone y Belding, citado por Miller, o sea, que el tipo lo dijo a mediados de los ochenta.

anuncios. De esa forma los anuncios no parecen tanto interrupciones como marcadores del ritmo, metrónomos, comentarios teóricos de los programas. Entonces se inventan *Corrupción en Miami*, donde apenas se toman la molestia de plantear un argumento sino que hacen meramente un énfasis sin precedentes en el aspecto, lo visual, la actitud, cierta «imagen».[23] Hacer vídeos musicales con el mismo ritmo anfetamínico y las mismas asociaciones arquetípicas oníricas que los anuncios: tampoco importa que los vídeos sean básicamente anuncios musicales largos. O introducir el publirreportaje del patrocinador que se presenta, de forma informal, como informativo, al estilo de *Amazing Discoveries* o de aquellos reportajes sobre la pérdida del cabello presentados por Robert Vaughn que rondan las horas baratas de la madrugada. Borrar –como hizo la literatura posmoderna– las fronteras entre géneros, funciones, arte comercial y comercio artístico.

Con todo, la televisión y sus patrocinadores tienen una preocupación mayor a largo plazo, que es su *détente* incierta hacia la psique del espectador individual. Dado que la televisión tiene que resolver antinomias básicas sobre las ideas de ser y mirar, sobre la evasión de la vida cotidiana, el espectador medianamente inteligente no puede sentirse satisfecho con su vida cotidiana de consumo televisivo en altas dosis. Joe Briefcase puede haberse sentido bastante satisfecho *mientras* veía la tele pero cuesta creer que pueda sentirse satisfecho *acerca* del hecho de ver tanta

23. Algo parecido se dice sobre *Corrupción en Miami* en «We Build Excitement», el ensayo que incluye Todd Gitlin en su propia antología.

televisión. Seguro que en el fondo Joe se siente incómodo al ser parte de la multitud más numerosa de la historia de la humanidad viendo imágenes que sugieren que el sentido de la vida consiste en alejarse visiblemente de la multitud. El ciclo de culpa/indulgencia/apaciguamiento se dirige en cierto nivel a esas preocupaciones. ¿Acaso no habrá alguna forma más profunda de mantener a Joe Briefcase bien afianzado en la multitud de espectadores asociando de alguna manera su propio consumo de televisión con la trascendencia de las multitudes de espectadores? Pero eso sería absurdo. Aquí entra la ironía.

He afirmado –algo vagamente hasta el momento– que lo que hace que la hegemonía de la televisión sea tan resistente a las críticas de la nueva narrativa de la imagen es que la televisión se ha apropiado de las formas distintivas de la misma literatura posterior a la Segunda Guerra Mundial –cínica, irreverente, irónica y absurdista– que los nuevos imaginistas usan como piedra de toque. El hecho es que la reutilización de lo posmoderno evolucionó como solución inspirada al problema de mantener a Joe al mismo tiempo alienado de la multitud de un millón de ojos y formando parte de ella. La solución implicaba el paso gradual de un exceso de sinceridad a una especie de irreverencia de niños malos frente a la Gran Cara que nos muestra la tele. A su vez, esto reflejaba un cambio más amplio en la percepción estadounidense de cómo se supone que funciona el arte, la transición entre una idea del arte como afirmación creativa de los valores reales al arte entendido como rechazo creativo de los valores falsos. Y este cambio más amplio, a su vez, era un fenómeno paralelo tanto al desarrollo de la estética posmoderna como a ciertos cambios serios y profundos en la forma en que los americanos eligen percibir conceptos como la autoridad, la sinceridad y la pasión en términos de nuestra voluntad de ser complacidos. No solamente han «pasado de moda» ideas como sinceridad y pasión, en materia televisiva, sino que la misma idea de placer ha quedado deslegitimada. Tal como explica Mark C. Miller, la televisión contemporánea «ya no solicita nuestra absorción atenta ni nuestro acuerdo sincero, sino que nos halaga (igual que los anuncios que la financian) por el mismo aburrimiento y la desconfianza que nos inspira».[24]

El ensayo de Miller, «Deride and Conquer» ['Búrlate y vencerás'] (1986), con diferencia el mejor ensayo publicado jamás acerca de la publicidad en la televisión, describe con claridad un ejemplo de cómo funciona la apelación televisiva contemporánea al espectador. Se trata de un anuncio de la temporada 1985-1986 que ganó el premio Clio y que todavía se emite de forma ocasional. Es ese anuncio de Pepsi donde una furgoneta de Pepsi aparca frente a una playa abarrotada y el joven de aspecto travieso que está al volante activa un sistema de megafonía, abre una lata de Pepsi y la vierte en un vaso junto al micrófono. El denso ruido del gas de la lata recorre el aire tórrido de la playa y todas las cabezas se vuelven hacia la furgoneta como si hubieran tirado de ellas con un cordel mientras el sistema de megafonía retransmite los ruidos del joven bebiendo y luego suspirando de satisfacción. El plano final revela que la

24. Miller, p. 194.

furgoneta es también un puesto de venta ambulante, y que toda la población de gente guapa de la playa se ha congregado en forma de muchedumbre clamorosa en torno a la parte de atrás de la furgoneta, todos saltando y rogando que les sirvan a ellos primero; luego la cámara retrocede a un plano aéreo de la multitud y se oye el eslogan de la campaña entonado con voz inexpresiva: «Pepsi: lo que elige la nueva generación». Un anuncio verdaderamente asombroso. Pero ¿hace falta señalar, tal como hace con detalle el ensayo de Miller, que el eslogan final es irónico? En este anuncio hay tanta posibilidad de «elegir» como en el experimento con el timbre de Pavlov. El uso de la palabra «elegir» aquí es puro humor negro. De hecho, los treinta segundos del anuncio son totalmente irónicos y autoparódicos. Tal como explica Miller, no es realmente una *elección* lo que el anuncio le está vendiendo a Joe Briefcase, «sino la total negación de la elección. Ciertamente, el producto en sí resulta irrelevante para el mensaje final. El anuncio no encomia la Pepsi *per se*, sino que la recomienda dejando implícito que se ha engatusado a mucha gente para que la compre. En otras palabras, el mensaje de este exitoso anuncio es que Pepsi se ha anunciado con éxito».[25]

Hay cosas importantes que señalar aquí. En primer lugar, este anuncio de Pepsi estaba enormemente influido por el miedo a los mandos a distancia, el zapeo y las burlas del público. Un anuncio sobre los anuncios, usaba la autorreferencia a fin de resultar lo bastante sofisticado como para evitar ser odiado. Se protegía a sí mismo del desprecio que sienten los

25. Miller, p. 187.

conocedores de la tele actual tanto por los anuncios agresivos con locutores hablando a toda prisa que Dan Aykroyd parodió hasta la locura en *Saturday Night Live*, como por los anuncios quijotescamente asociativos que relacionaban tomar refrescos con el romance, la belleza y la inclusión en el grupo, anuncios que la mayoría de los espectadores sofisticados hoy día consideran pasados de moda y «manipuladores». En contraste con los anuncios obvios que te dicen «Compra Esto», el anuncio de Pepsi emplea la parodia. El anuncio es extremadamente explícito acerca de la razón por la que los anuncios de la tele son despreciados popularmente, a saber: por usar apelaciones primarias y charlatanería para vender mejunjes azucarados a gente cuya identidad no se basa más que en el consumo de masas. Este anuncio logra al mismo tiempo burlarse de sí mismo, de Pepsi, de la publicidad, de los publicistas y de la gran masa de espectadores y consumidores de Estados Unidos. De hecho, el anuncio lleva a cabo una alabanza completamente servil de una sola persona: el espectador solitario, Joe Briefcase, que incluso con un cerebro modesto no puede evitar discernir la contradicción irónica entre la invitación a «elegir» del eslogan (sonido) y la orgía pavloviana que rodea la furgoneta (imagen). El anuncio invita a Joe a «ver a través» de la manipulación de que es objeto la horda rabiosa de la playa. El anuncio promueve una complicidad entre su propia ironía ingeniosa y la apreciación cínica y en absoluto ingenua de esa ironía que lleva a cabo el veterano espectador Joe Briefcase. Invita a Joe a una broma privada de la que el público es el blanco. Felicita a Joe Briefcase, en otras palabras, por trascender la misma multitud que lo define. Y multitudes enteras de gente como Joe respondieron: el anuncio elevó la cuota de mercado de Pepsi durante tres trimestres.

La campaña de Pepsi no es un fenómeno aislado. La empresa Isuzu Inc. encontró un filón a finales de los ochenta con su serie de anuncios de «Joe Isuzu», un vendedor de aspecto satánico que engatusaba a los incautos asegurando que los Isuzu venían con tapicería de piel de llama genuina y que a falta de gasolina funcionaban con agua del grifo. Aunque los anuncios nunca dijeron apenas nada de por qué los coches Isuzu son buenos, les llovieron premios y subieron las ventas. Los anuncios funcionaron a la perfección como parodias de lo empalagosos y diabólicos que son los anuncios de coches. Invitaban a los espectadores a premiar a los anuncios de Isuzu por ser irónicos, a felicitarse a sí mismos por entender la broma y a felicitar a Isuzu por ser lo bastante «atrevidos» e «irreverentes» para admitir que los anuncios de coches son ridículos y que la gente es tonta por creérselos. Los anuncios invitaban al espectador solitario a conducir un Isuzu a modo de declaración antipublicitaria. Los anuncios vincularon con éxito la compra de un Isuzu con la valentía, la irreverencia y la capacidad de ver más allá del engaño. Ahora se pueden ver buenos anuncios que se burlan de las convenciones publicitarias televisivas por todas partes, desde los de Federal Express y los anuncios de Wendy's con sus parodias marchitas y aceleradas de personajes de la publicidad, hasta los anuncios de Doritos y sus montajes de locutores publicitarios y de imágenes de series antiguas como *Leave it to Beaver* y *Mister Ed*.

Además, se puede ver cómo esa táctica de tomarse a pitorreo las pretensiones de aquellas viejas virtudes comerciales de la autoridad y la sinceridad –destinada a *a*) defender al que esgrime el pitorreo de cualquier pitorreo, y *b*) felicitar al patrón del pitorreo por elevarse sobre la masa de gente que todavía cree en esas pretensiones pasadas de moda– ha sido empleada con gran éxito por muchos de los programas de televisión que los anuncios financian. Programa tras programa, desde hace bastantes años, hemos visto un festival de actitud y alusión posmoderna, visual y manifiestamente superficial, o, más habitual todavía, la desigual batalla de ingenios entre ciertos portavoces inefectivos de una autoridad gastada y sus hijos precoces, su esposa mordaz y sus colegas sardónicos. Comparen el tratamiento televisivo de las figuras de autoridad ingenuas en los programas preirónicos –Erskine en *The FBI*, Kirk en *Star Trek*, Ward en *Leave it to Beaver*, Shirley en *The Partridge Family* y McGarrett en *Hawaii Cinco Cero*– con la descripción de Al Bundy en *Matrimonio con hijos*, del señor Owens en *Mr. Belvedere*, de Homer en *Los Simpson*, de Daniels y Hunter en *Canción triste de Hill Street*, de Jason Seaver en *Los problemas crecen* o del doctor Craig en *St. Elsewhere*.

La comedia de situación moderna,[26] en particular, depende casi por completo de un humor y un tono inspirados en *M*A*S*H* y consistentes en la

---

26. «Deride and Conquer» de Miller ofrece un análisis semejante de las comedias de situación, pero Miller termina afirmando que la cuestión central es algún extraño elemento freudiano-patricida en la percepción que la comedia televisiva tiene del padre.

burla de algún portavoz bufonesco de valores hipócritas y presofisticados a manos de rebeldes mordazmente ingeniosos. Igual que Hawkeye se burlaba de Frank y luego de Charles, tambíen Herb es objeto de las burlas de Jennifer y Carlson en *WKRP*; el señor Keaton lo es de Alex en *Family Ties*; el jefe por las mecanógrafas en *Nine to Five*; Seaver por toda la familia en *Los problemas crecen*, y Bundy por el planeta entero en *Matrimonio con hijos* (la parodia de las comedias de situación más radical llevada a cabo por una comedia de situación). De hecho, las únicas figuras de autoridad que conservan cierta credibilidad en los programas posteriores a los ochenta (dejando de lado a personajes como Furillo de *Canción triste de Hill Street* y Westphal de *St. Elsewhere*, que soportan tanta miseria y ansiedad que el hecho de permanecer ahí cada semana ya los convierte en héroes) son los portavoces de valores capaces de comunicar ironía acerca de sí mismos, burlarse de sí mismos antes de que ningún Grupo sin piedad se abalance sobre ellos: véase a Huxtable en *La hora de Bill Cosby*, a Belvedere en *Mr. Belvedere*, al agente especial Dale Cooper en *Twin Peaks*, a Gary Shandling de la Fox (la canción de cuyo programa dice: «Esta es la canción del programa de Gaaary»), y al verdadero Ángel de la Muerte irónico de los ochenta, David Letterman.

Su promulgación del cinismo por encima de la autoridad genera un beneficio general para la televisión por diversas razones. En primer lugar, en la medida en que la tele puede ridiculizar convenciones trasnochadas hasta borrarlas del mapa, puede crear un vacío de autoridad. Y adivinen quién lo llena. La verdadera autoridad en un mundo que ahora vemos como construido y no descrito es cada vez más el medio que construye nuestra visión del mundo. En segundo lugar, en la medida en que la tele puede referirse exclusivamente a sí misma y desacreditar criterios convencionales afirmando su superficialidad, es invulnerable a las acusaciones de sus críticos de que lo que se emite es banal, burdo o malo, ya que dichos juicios apelan a criterios convencionales y extratelevisivos acerca de la profundidad, el gusto y la calidad. Además, el tono irónico de la autorreferencia televisiva comporta que nadie puede acusar a la tele de intentar engañar a nadie. Tal como afirma el ensayista Lewis Hyde, la ironía autoparódica siempre es «sinceridad con un móvil».[27]

Y, volviendo a la idea original, si la televisión puede atraer hacia sí a Joe Briefcase por medio de las bromas privadas y la ironía, puede aliviar esa tensión dolorosa entre la necesidad de Joe de trascender la multitud y su estatus ineludible como miembro del Público. Porque en la medida en que la tele puede halagar a Joe por «ver a través» de la pretenciosidad y de la hipocresía de los valores pasados de moda, puede inducir en él precisamente la sensación de superioridad astuta que se le ha enseñado que debe desear, y puede hacerle depender del consumo cínico de la tele que permite esa sensación.

Y en la medida en que puede adiestrar a los espectadores para reírse de las mofas que llevan a

27. Lewis Hyde, «Alcohol and Poetry: John Berryman and the Booze Talking», *American Poetry Review*, reimpreso en la antología *Pushcart Prize* de 1987.

cabo unos personajes sobre otros, a ver el ridículo al mismo tiempo como modo de relación social y como forma de arte, la televisión es capaz de reforzar su propia extraña ontología de la apariencia: la perspectiva más aterradora, para el espectador condicionado, no es otra que exponerse al ridículo ajeno demostrando nociones anticuadas de valor, emoción y vulnerabilidad. Los demás se convierten en jueces; el crimen es la ingenuidad. El espectador condicionado se vuelve más alérgico a la gente. Más solitario. El adiestramiento exhaustivo que la tele lleva a cabo sobre Joe Briefcase acerca de cómo puede ser percibido y qué aspecto puede tener a ojos de los demás hace que los encuentros humanos genuinos den todavía más miedo. Pero la ironía televisiva tiene la solución: seguir viendo la tele se convierte casi en una investigación, como lecciones sobre la expresión neutra, aburrida y sabia que Joe tiene que aprender a adoptar de cara al viaje atroz de mañana en el metro iluminado por luces brillantes, donde multitudes de gente inexpresiva y de aspecto aburrido no tienen nada más que hacer que mirarse entre sí.

¿Qué tiene que ver la institucionalización de la ironía sofisticada por parte de la televisión con la narrativa americana? Bueno, para empezar la narrativa americana tiende a tratar sobre la cultura americana y la gente que habita en ella. A nivel cultural, ¿hace falta que pierda más tiempo señalando en qué medida los valores televisivos influyen en el ambiente contemporáneo de *Weltschmerz* hastiado, materialismo autoparódico, indiferencia inexpresiva y la ilusión de que el cinismo y la ingenuidad se excluyen mutuamente? ¿Podemos negar la conexión entre un medio consensual con un poder sin precedentes que sugiere que no hay ninguna diferencia real entre imagen y sustancia, por un lado, y cosas como el ascenso a la presidencia de Teflon, el establecimiento de las industrias nacionales del bronceado y la liposucción, o lo popular que se está haciendo bailar al son de la orden sintetizada y cínica de que hay que «tener buena imagen»? ¿O, en el arte contemporáneo, se puede negar que el desprecio televisivo de retrovalores hipócritas como la originalidad, la profundidad y la integridad no tiene relación con esos estilos artísticos y arquitectónicos basados en una «apropiación» recombinatoria y en los que «el pasado se convierte en pastiche», o con las solmizaciones repetitivas de Philip Glass y Steve Reich, o con la catatonia consciente del pelotón de imitadores de Raymond Carver?

En suma, la conducta aturdida, inexpresiva y aburrida –lo que un amigo mío explica como la «chica que baila contigo pero salta a la vista que preferiría estar bailando con otra persona»– que se ha convertido en la versión de mi generación de lo que mola viene de la tele. Al fin y al cabo, «televisión» quiere decir, 'ver lejos'; y nuestras seis horas diarias no solamente nos ayudan a sentirnos íntimos y personales con cosas como los Juegos Panamericanos o la Operación Escudo del Desierto, sino que, a la inversa, también nos enseñan a relacionarnos con personas vivas y reales de la misma forma en que nos relacionamos con lo distante y exótico, como si estuvieran separados de nosotros por la física y el cristal, solamente, existentes únicamente como espectáculos que esperan que los miremos desde lejos. En realidad, la indiferencia es la versión de los noventa de la frugalidad para la gente joven americana: cortejados durante varias horas al día solo para que prestemos atención, vemos esa atención como nuestro artículo más importante, nuestro capital social, y nos resistimos a malgastarlo. En el mismo sentido, fíjense en que, en 1990, la inexpresividad, el letargo y el cinismo como rasgos de conducta son formas claras de transmitir la actitud televisiva de trascendencia del grupo: la inexpresividad y el letargo trascienden el sentimentalismo, y el cinismo anuncia que uno ya se sabe la canción y que la última vez que se comportó de forma ingenua era cuando tenía cuatro años.

No importa si la cultura juvenil de 1990 les parece o no a ustedes tan siniestra como a mí, seguramente estaremos de acuerdo en que la ética pop televisiva de esa cultura le ha marcado un espléndido tanto a la estética posmoderna que originalmente pretendió apropiarse del pop y redimirlo. La televisión le ha dado la vuelta a la vieja dinámica de referencia y redención: ahora es la *televisión* la que toma elementos de la *posmodernidad* –la involución, lo absurdo, la fatiga sardónica, la iconoclastia y la rebelión– y los manipula en aras del consumo. Esto lleva tiempo sucediendo. Ya en 1984, los críticos del capitalismo estaban avisando de que «lo que empezó como una tendencia de vanguardia se ha trasladado a la cultura de masas».[28]

Pero el posmodernismo no «surgió» de pronto en la televisión de 1984. Ni tampoco los vectores de

28. Fredric Jameson, «Postmodernism, or the Cultural Logic of Late Capitalism», *New Left Review*, n.º 146, verano de 1984, pp. 60-66.

influencia entre lo posmoderno y la televisión han tenido un sentido único. La principal conexión entre la televisión actual y la ficción actual es histórica. Las dos tienen raíces comunes. Porque la narrativa posmoderna –cuyos autores eran casi exclusivamente hombres blancos sobreeducados– evolucionó claramente como expresión intelectual de la «cultura juvenil rebelde» de los sesenta y los setenta. Y ya que toda la *gestalt* de la rebelión juvenil americana fue posible gracias a un medio nacional que borró las fronteras comunicativas entre regiones y reemplazó una sociedad segmentada por la localización geográfica y la etnicidad por lo que los críticos de música rock han denominado «una autoconsciencia nacional estratificada en forma de generaciones»,[29] el fenómeno de la tele ha tenido tanto que ver con la rebelión irónica del posmodernismo como con las manifestaciones de protesta de los Peaceniks.

De hecho, al ofrecer a los narradores jóvenes y sobreeducados una visión exhaustiva de la hipocresía con que América se veía a sí misma alrededor de 1960, la televisión en sus principios ayudó a legitimar el absurdismo y la ironía, no solamente como recursos literarios, sino como respuestas sensatas a un mundo ridículo. Porque la ironía –al explotar la distancia entre lo que se dice y lo que se piensa, entre lo que las cosas intentan aparentar y lo que realmente son– es la forma dignificada por el tiempo en que los artistas intentan iluminar y rebatir la hipocresía. Y la televisión de alrededor de 1960,

29. Pat Auferhode, «The Look of the Sound», en la misma antología de Gitlin de siempre, p. 113.

con sus westerns sobre pistoleros solitarios, sus comedias de situación paternalistas y sus policías de mandíbula robusta, celebraba una imagen de América que resultaba profundamente hipócrita. Miller describe con bastante precisión cómo la comedia de situación de los años sesenta, igual que los westerns que la precedieron,

> negaba la disminución gradual de poder de aquellos hombres trajeados que representaban la fuerza paternal y el individualismo viril. Sin embargo, en la época en que se producían aquellas comedias de situación, el mundo de los pequeños negocios [cuyas virtudes eran «la serenidad, la probidad y el juicio sereno» a lo Hugh Beaumont] estaba siendo … reemplazado por lo que C. Wright Mills llamaba «el demiurgo directivo», y las virtudes representadas por… Papá ya habían pasado de moda.[30]

En otras palabras, la televisión americana en sus principios era una apologeta hipócrita de valores cuya realidad había quedado mermada en un periodo de supremacía corporativa, afianzamiento burocrático, intervencionismo en el extranjero, conflicto racial, atentados terroristas, asesinatos, escuchas telefónicas, etcétera. No es en absoluto accidental que la narrativa posmoderna proyectara sus redes irónicas a lo banal, lo ingenuo, lo sentimental, simplista y conservador, porque estas cualidades eran precisamente lo que la tele de los sesenta parecía celebrar como distintivamente americano.

30. Miller, p. 199.

Y la ironía rebelde de la mejor narrativa posmoderna no era solamente creíble como arte; parecía socialmente útil por su capacidad para lo que los críticos contraculturales llamaron «una *negación crítica* que iba a hacer evidente para todos que el mundo no es lo que parece».[31] La parodia macabra que llevó a cabo Ken Kesey de los manicomios sugería que nuestros jueces de la cordura a menudo estaban más locos que sus pacientes. Pynchon desplazó nuestra visión de la paranoia de los márgenes de la normalidad psíquica a la hebra central del tapiz corporativo-burocrático. DeLillo expuso la imagen, la señal, los datos y la tecnología como agentes del caos espiritual y no del orden social. Las repugnantes exploraciones de la narcosis americana que llevó a cabo Burroughs revelaban hipocresía. La afirmación del capital abstracto como fuerza deformadora que llevó a cabo Gaddis revelaba hipocresía. Las repulsivas farsas políticas de Coover revelaban hipocresía.

La ironía en el arte y la cultura de posguerra empezaron del mismo modo que la rebelión juvenil. Resultaba difícil y doloroso, y productivo: el macabro diagnóstico de una enfermedad negada durante largo tiempo. Las presunciones que había *detrás* de la ironía posmoderna, por otro lado, seguían siendo francamente idealistas: se asumía que la etiología y el diagnóstico señalaban la cura, que una revelación del encarcelamiento llevaría a la libertad.

Así pues, ¿cómo es que la ironía, la irreverencia y la rebelión no resultan liberadoras sino debilitadoras en la cultura sobre la cual intenta escribir la van-

31. Greil Marcus, *Mystery Train*, Dutton, 1976.

guardia actual? Una pista puede encontrarse en el hecho de que la ironía *sigue con nosotros*, más fuerte que nunca después de ser durante treinta años el modo dominante de expresión sofisticada. No es un modo retórico que envejezca bien. Como dice Hyde (que obviamente me cae bien): «La ironía solamente se puede usar como emergencia. Prolongada en el tiempo, es la voz de los encerrados a quienes ha llegado a gustarles su celda».[32] Esto es porque la ironía, por divertida que resulte, cumple una función que es casi exclusivamente negativa. Es crítica y destructiva, sirve para limpiar el terreno. Seguramente es así como la vieron nuestros padres posmodernos. Pero la ironía resulta singularmente poco efectiva cuando se trata de construir algo que sustituya a la hipocresía a la que desacredita. Por esto Hyde tiene razón cuando dice que la ironía fatiga. Carece de sustancia. Incluso los mejores ironistas funcionan mejor en fragmentos breves. Los ironistas me parecen tremendamente divertidos para escucharlos en una fiesta, pero siempre me separo de ellos como si me hubieran practicado varias intervenciones quirúrgicas. Y en cuanto a conducir campo a través en compañía de un ironista o leer una novela de trescientas páginas llena de nada más que sofisticado agotamiento sardónico, uno termina sintiéndose no solamente vacío, sino casi… oprimido.

Piensen un momento en los rebeldes y golpistas del Tercer Mundo. Los rebeldes del Tercer Mundo son fantásticos a la hora de sacar a la luz y derrocar regímenes corruptos e hipócritas, pero resultan osten-

32. Hyde, *op. cit.*

siblemente menos fantásticos cuando han de llevar a cabo la tarea más mundana y afirmativa de establecer una alternativa superior de gobierno. De hecho, los rebeldes victoriosos parecen mejores cuando usan sus instrumentos de rebeldía cínica y agresiva para evitar que otros se rebelen contra ellos: en otras palabras, se convierten simplemente en mejores tiranos.

Y no se engañen: la ironía nos tiraniza. La razón por la que nuestra ironía cultural dominante es a la vez tan poderosa y tan poco satisfactoria es que resulta imposible hacer que un ironista *se defina*. Toda la ironía americana se basa en la afirmación implícita: «En realidad no creo en lo que estoy diciendo». Entonces ¿*qué* pretende decir la ironía como norma cultural? ¿Que es imposible creer en lo que dice? ¿Que tal vez sea una lástima que sea imposible, pero despierta de una vez que ya es de día? Más bien creo que lo que la ironía actual termina por decir es: «Pero mira qué *banal* es que me preguntes por lo que pienso en realidad». Cualquiera que tenga la desfachatez herética de preguntarle a un ironista qué piensa en realidad termina pareciendo un histérico o un mojigato. Y esto es lo opresivo de la ironía institucionalizada, del rebelde victorioso: la capacidad de inhabilitar la *pregunta* sin importar su *contenido* es, en la práctica, una tiranía. Es la nueva junta usando la misma herramienta que dejó aislados a sus enemigos.

Por eso resulta tan patético el cinismo hastiado con que nuestros amigos cultos y teleadictos intentan parecer superiores a la tele. Y por esta razón el narrador ciudadano de nuestra cultura televisiva está metido en un marrón tan grande. ¿Qué hace uno cuando la rebelión posmoderna se convierte en una institución de la cultura pop? Y es que esta es, por supuesto, la segunda respuesta a la cuestión de por qué la ironía y la rebelión vanguardistas se han diluido y se han pervertido. Han sido absorbidas, vaciadas y reutilizadas por el mismo *establishment* televisivo al que originalmente se enfrentaron.

No es que la televisión sea culpable de ninguno de estos males. Solamente de haber tenido un éxito inmoderado. Después de todo, eso es lo que *hace* la tele: discierne, aísla y re-presenta lo que cree que la cultura americana quiere ver y oír acerca de sí misma. Nadie y todo el mundo a la vez es culpable del hecho de que la televisión empezara a cosechar la rebelión y el cinismo como la *imago populi* en boga y triunfante de la generación de los hijos del *baby boom*. Pero la cosecha ha sido lúgubre: las formas de nuestro mejor arte rebelde se han convertido en meros gestos, en trucos, no solamente estériles sino perversamente esclavizantes. ¿Cómo puede la idea de rebelión contra la cultura empresarial conservar algún significado cuando Chrysler Inc. anuncia camionetas invocando «La revuelta de las Dodge»? ¿Cómo se puede ser un iconoclasta *bona fide* cuando Burger King vende aros de cebolla con eslóganes como «A veces hay que romper las reglas»? ¿Cómo puede un narrador de la imagen confiar en que la gente se vuelva más crítica con respecto a la cultura televisiva parodiando la televisión como a una empresa comercial interesada, cuando las parodias de anuncios interesados que llevan a cabo Pepsi, Subaru y Federal Express ya están haciendo lo mismo con éxito? Es casi una lección de Historia: empiezo a entender por qué el miedo más grande de los americanos de finales del siglo pasado eran los anarquistas y la anarquía. Porque si la anarquía *vence*, si la falta de normas se convierte en la norma, entonces la protesta y el cambio no solamente se vuelven imposibles sino incoherentes. Sería como votar a Stalin: uno está votando el final de todas las votaciones.

Así pues, he aquí la cuestión crucial para el escritor americano que respira nuestra atmósfera cultural y se ve a sí mismo como heredero de todo lo que era honesto y valía la pena en la literatura de vanguardia: ¿cómo rebelarse contra la estética televisiva de la rebelión, cómo hacer despertar a los lectores ante el hecho de que nuestra cultura televisiva se haya vuelto un fenómeno cínico, narcisista y esencialmente vacío, cuando la televisión *celebra* regularmente esos mismos fenómenos en sí misma y en sus espectadores? Son cuestiones que el pobre idiota del popólogo que aparece en la novela de DeLillo estaba preguntando en 1985 acerca de América, el establo más fotografiado de todos:

> –¿Cómo era el establo antes de ser fotografiado? –dijo–. ¿Qué aspecto tenía? ¿En qué sentido era similar o distinto al resto de los establos? Se trata de preguntas a las que no podemos responder porque hemos leído los anuncios, hemos visto a la gente disparando sus cámaras. No podemos evadirnos del aura. Formamos parte del aura. Estamos aquí, estamos ahora.

> Aquello pareció complacerle inmensamente.[33]

33. *Ruido de fondo*, p. 22.

Final del final de la línea

Entonces ¿qué respuestas a la comercialización televisiva de los modos de protesta parecen posibles
hoy día? Una opción obvia es que el narrador se
vuelva reaccionario, fundamentalista. Declarar que
la televisión contemporánea es malvada y que la
cultura contemporánea es malvada y darle la espal-
da a todo este horror chabacano e invocar las viejas
virtudes a lo Hugh Beaumont de antes de 1960 y las
lecturas literales de la Biblia y ser provida, antifluo-
ración y antediluviano. El problema de esto es que
los americanos que han elegido esta táctica parecen
tener una sola ceja que les cruza toda la frente y
unos nudillos que arrastran por el suelo y el pelo
muy largo y en general parece *excelente* alejarse de
ellos lo más posible. Además, el ascenso de Reagan/
Bush/Gingrich demostró que la nostalgia hipócrita
de un pseudopasado más amable, cortés y cristiano
no es menos susceptible a la manipulación de los
intereses del comercialismo empresarial y la imagen
publicitaria. La mayoría de nosotros seguimos pre-
firiendo el nihilismo al neandertalismo.

Otra opción es adoptar un conservadurismo po-
lítico un poco más ilustrado que exima al espectador
y las cadenas por igual de toda complicidad en el
amargo estatismo de la cultura televisiva y que en

cambio culpe de todos los problemas relacionados con la tele a ciertos defectos corregibles de la tecnología. Aquí entra el futurólogo de los medios de comunicación George Gilder, titular del Hudson Institute y autor de *Life After Television: The Coming Transformation of Media and American Life* ['Vida después de la televisión: la transformación por venir de los medios de comunicación y la vida americana']. Lo más fascinante de *Life After Television* es que es un libro con *anuncios*. Publicado en una colección llamada «Serie Grandes Temas» de una tal Whittle Direct Books de Knoxville, el cuartel general de Federal Express, el libro se vende por solo once dólares incluidos gastos de envío, es lo bastante grande y delgado como para quedar de maravilla en las mesas de los ejecutivos y tiene unos anuncios chulísimos a página completa de Federal Express cada cinco páginas. El libro es en gran medida una obra de ficción, además de una dramatización conmovedora de por qué los conservadores antitelevisión, movidos por convicciones simples como «En el fondo la televisión es un medio totalitario» cuyo «sistema es un infiltrado y una fuerza corrosiva en el capitalismo democrático», son de tan poca ayuda para resolver nuestros problemas televisivos ultrarradicales, aferrados como están los intelectuales conservadores a sus dos viejos remedios para todos los males de Estados Unidos, a saber: la idea de que *a*) los sabios instintos de consumo del Tipo Pequeño corregirán todos los desequilibrios solamente con que los Grandes Sistemas dejen de interferir en su libertad de elección, y *b*) los problemas derivados de la tecnología se pueden resolver con la tecnología.

El diagnóstico básico dice así. La televisión tal como la conocemos y la sufrimos es «una tecnología con poderes supremos pero defectos fatídicos». El defecto realmente fatídico es que toda la estructura de la programación televisiva, la emisión y la recepción sigue estando determinada por las limitaciones tecnológicas de los viejos tubos de vacío que posibilitaron desde el principio la televisión. El

> precio y complejidad de estos tubos usados en los televisores comportaba que la mayor parte del procesamiento de señales tenía que hacerse en forma de [redes],

una situación que

> dictaba que la televisión fuera un sistema verticalista: en términos electrónicos, una arquitectura «maestro-esclavo». Unos cuantos centros de emisión originarían programas para millones de receptores pasivos o «terminales no inteligentes».

Para cuando el transistor (que hace esencialmente lo mismo que los tubos de vacío pero en un espacio menor y a un precio más bajo) encontró aplicaciones comerciales, el sistema televisivo verticalista de la tele ya estaba afianzado y petrificado, condenando a los espectadores a una recepción dócil de programas de cuya emisión por parte de unas pocas cadenas dependían, y creando una «psicología de las masas» en la que un trío de programaciones alternativas intentaba llegar a millones y millones de tipos como Joe Briefcase. Las señales de la televisión eran ondas analógicas. Hace falta un medio analógico, ya que «debido a la escasez de almacenamiento y procesamiento en el televisor, las señales … tienen que ser ondas directamente visibles», y las «ondas analógicas simulan de forma directa el sonido, el brillo y el color». Pero el receptor no puede grabar ni modificar las ondas analógicas. Lo único que puede tener el pobre espectador es lo que ve. Esta situación tiene consecuencias culturales que Gilder describe con lujo apocalíptico de detalles. Incluso la Televisión de Alta Definición (HDTV), presentada por la industria como el próximo gran adelanto en el mundo del ocio, será, según Gilder, el mismo emperador vacío con un traje más llamativo.

Pero para Gilder, la tele, todavía adherida a las tecnologías masivas y jerárquicas de décadas anteriores, ahora está condenada por los avances del microchip y la fibra óptica de los últimos años. El sencillo microchip, que consolida la actividad de millones de transistores en una lámina de cuarenta y nueve centavos y cuyas capacidades se volverán todavía más atractivas a medida que la conducción controlada de electrones se acerque al paradigma geodésico de eficacia, permitirá a los receptores –los televisores– llevar a cabo gran parte del procesamiento de imágenes que hasta ahora el emisor ha llevado a cabo «para» el espectador. En otra perspectiva igualmente afortunada, el transporte de imágenes mediante fibra de vidrio en lugar de por el espectro electromagnético permitirá que los televisores se conecten entre sí en una especie de red interactiva en lugar de alimentarse todos pasivamente de la ubre transmisora de un emisor único. Y las transmisiones por fibra óptica presentan la ventaja adicional de que conducen caracteres de información digital. Dado que, tal como explica Gilder, «las señales digitales tienen la ventaja sobre las analógicas de que pueden ser almacenadas y manipuladas sin deterioro» y asimismo resultan tan nítidas y carentes de interferencias como los discos compactos, permiten al televisor equipado con microchips (y por tanto al espectador) disfrutar de gran parte de las decisiones acerca de la selección, la manipulación y la recombinación de las imágenes de vídeo que hoy día están restringidas al director.

Para Gilder, el nuevo mueble que va a liberar a Joe Briefcase de la dependencia pasiva es «el teleordenador, un ordenador personal adaptado al procesamiento de vídeo y conectado mediante cables de fibra óptica a otros teleordenadores de todo el mundo». El teleordenador conectado con fibra óptica «deshará para siempre el cuello de botella de la emisión» que determina la estructura televisiva de diseminación de imágenes de Uno Para Muchos. Ahora todo el mundo será uno de esos tipos ajetreados con auriculares y portafolios. En el nuevo milenio, la televisión americana se volverá por fin ideal y republicanamente democrática: igualitaria, interactiva y «provechosa» sin ser «injusta».

Vaya si conoce Gilder al público de sus «Grandes Temas». Uno casi puede ver la saliva chorreando por los labios inferiores en las salas de juntas mientras Gilder vaticina que todo el mundo complejamente borroso e inconvenientemente transitorio del consumidor se va a volver almacenable, manipulable, transmisible y visible en la comodidad de su propio apartamento. «Con una buena programación de los teleordenadores, uno puede pasar el día interactuando en la pantalla con Henry Kissinger, Kim Basinger o Billy Graham». Unas interacciones bastante siniestras, todo sea dicho, pero en Gilderlandia, *a cada cual lo suyo*:

> Las celebridades podrán producir y vender su propio software. Uno podrá ver la Super Bowl desde cualquier punto del estadio que elija, o bien elevarse sobre la canasta con Michael Jordan. Visitar a la familia de uno desde la otra punta del mundo con imágenes en movimiento apenas distintas de las imágenes de la vida real. Dar una fiesta de cumpleaños para la abuela en su asilo de Florida, llevando a sus descendientes de todo el país hasta el pie de su cama a pleno color.

Y no solamente cálidas imágenes bidimensionales de la familia: *cualquier* experiencia será transferible a imágenes y vendible, manipulable, consumible. La gente será capaz de

> ver paisajes cómodamente desde su sala de estar en pantallas de alta resolución, visitar países del Tercer Mundo sin tener que preocuparse por tarifas aéreas o cambio de moneda... se podrá volar en avión sobre los Alpes o escalar el Everest: todo en una pantalla de alta resolución.

En breve, seremos capaces de diseñar nuestros sueños. Resumiendo, un especialista conservador en tecnología ofrece una forma realmente atractiva de contemplar la pasividad de los consumidores, la institucionalización televisiva de la ironía, el narcisismo, el nihilismo, el estatismo, la soledad. ¡No es culpa nuestra! ¡Es culpa de una tecnología pasada de moda! Si la divulgación de la señal televisiva estuviera actualizada, le resultaría imposible «institucionalizar» nada mediante su diabólica «psicología de masas». Hagamos que Joe Briefcase, el pobre don nadie solitario, sea su propio manipulador de fragmentos de vídeo. ¡En cuanto toda la experiencia se reduzca a imágenes vendibles, en cuanto el receptor usuario de receptores de fácil manejo pueda soltarse de la cordada y elegir libremente, americanamente, de entre una variedad americanamente infinita de imágenes en movimiento *apenas distintas de las imágenes de la vida real*, y luego pueda elegir además cómo quiere almacenar, modificar, manipular, recombinar y presentar esas imágenes para sí mismo en la intimidad de su hogar y de su cabeza, entonces se romperá la presa irónica y totalitaria de la tele sobre la energía psíquica americana! Fíjense en que la visión semiconducida que tiene Gilder de un futuro de la imagen libre y ordenado es mucho más optimista que la antigua visión que tenía el posmodernismo de las imágenes y los datos. Las novelas de Pynchon y DeLillo derivan metafóricamente del concepto de interferencia: cuantas más conexiones, más caos y más difícil resulta elegir algún significado en el mar de señales. Gilder diría que su pesimismo está pasado de moda y sus metáforas infectadas con las deficiencias del transistor:

En todas las redes de cables y enlaces, salvo las que usan el microchip, la complejidad tiende a crecer de forma geométrica a medida que aumenta el número de interconexiones, (pero) en el laberinto de silicio de la tecnología del microchip… la eficacia, no la complejidad, crece como el cuadrado del número de conexiones que tienen que ser organizadas.

Más que una cultura televisiva banal ahogada en imágenes chabacanas, Gilder vaticina una cultura televisiva redimida como por un número mucho mayor de elecciones y un control mucho mayor sobre lo que uno… Ejem. ¿Ve? ¿Pseudoexperimenta? ¿Sueña? Es descabelladamente poco realista pensar que el aumento de opciones resolverá por sí mismo nuestro problema con la televisión. La llegada del cable aumentó las opciones de cuatro o cinco a más de cuarenta alternativas sincrónicas y en apariencia la televisión no ha aflojado su presa sobre la conducta de las masas. Parece que Gilder percibe la ruptura inminente de los noventa como la graduación de los espectadores americanos y su paso de la recepción pasiva de facsímiles de experiencia a la manipulación activa de facsímiles de experiencia. Vale la pena cuestionarse la definición de Gilder de «pasividad» televisiva. Su nueva tecnología terminaría ciertamente con «la pasividad de la mera recepción». Pero la pasividad del público, la aquiescencia inherente en toda una cultura basada en el acto de mirar, no parece afectada por los teleordenadores.

El atractivo de ver la televisión siempre ha estado relacionado con la fantasía. Y la televisión contemporánea se ha vuelto inmensamente mejor a la hora de permitir al espectador la fantasía de que puede trascender las limitaciones de la experiencia humana, que puede estar dentro del televisor, como *imago*, «siendo cualquiera y estando en cualquier lugar».[34] Dado que la limitación del ser humano impone ciertas restricciones sobre el número de experiencias que podemos tener en un periodo dado de tiempo, se puede afirmar que los mayores «avances» en tecnología televisiva de los últimos años han hecho poco más que secundar esta fantasía de evasión de los límites definitorios del ser humano. El cable amplió nuestras opciones de realidades nocturnas; los chismes a distancia nos permiten saltar instantáneamente de una realidad a otra; los reproductores de vídeo nos permiten consignar experiencias a una memoria eidética que permite reexperimentarlas en cualquier momento sin pérdida o alteración. Esos avances se han vendido con brío y han aumentado las dosis medias de consumo televisivo, pero está claro que no han hecho que la cultura televisiva se volviera menos cínica o pasiva.

Por supuesto, la desventaja de la gran fantasía de la tele es que no es más que una simple fantasía. Como lujo ocasional, mi escapada de los límites de la experiencia verdadera está de coña. Como dieta habitual, sin embargo, es inevitable que haga mi realidad menos atractiva (porque en ella soy el Dave de siempre con límites y restricciones por todas partes), que me incapacite para disfrutarla al máximo (porque me paso todo el tiempo fingiendo

34. Términos que Gitlin usa en «We Build Excitement».

que no estoy en ella) y me vuelva todavía más dependiente del artefacto que me permite una evasión de lo que mi mismo escapismo vuelve desagradable.

Es difícil ver cómo la visión redentorial que tiene Gilder acerca de obtener más «control» sobre la organización de fragmentos de fantasía de alta calidad va a resolver la dependencia que forma parte de mi relación con la tele o va a disipar la ironía impotente que tengo que usar para fingir que no soy dependiente. Ya sea un espectador «activo» o «pasivo», tengo que seguir fingiendo cínicamente, porque sigo siendo dependiente, porque mi verdadera dependencia no lo es respecto de un programa en concreto o de unas cuantas cadenas como no lo es la del drogadicto respecto del florista turco o del refinador marsellés. Mi verdadera dependencia es respecto de las fantasías y las imágenes que las hacen posibles, y por tanto respecto de cualquier tecnología que pueda hacer las imágenes al mismo tiempo posibles y fantásticas. No se equivoquen: *dependemos* de la tecnología de la imagen; y cuanto mejor es la tecnología, más enganchados estamos.

La paradoja de las felices predicciones de Gilder es la misma que hay en todas las formas de manipulación artificial. Cuanto más manipulador sea el instrumento mediador –por ejemplo, prismáticos, amplificadores, ecualizadores gráficos o «imágenes en movimiento apenas distintas de las imágenes de la vida real»– más directa, nítida y real *parece* la experiencia, es decir, más directas, nítidas y reales *son* la fantasía y la dependencia. Un crecimiento geométrico del volumen de imágenes televisivas, y un aumento acorde de mi capacidad de cortar, pegar, magnificar y combinarlas para satisfacer mi fantasía, no conseguirán más que hacer que mi teleordenador interactivo se vuelva más poderoso como manipulador y vehículo de fantasías, que mi fantasía sea más fuerte y las experiencias reales de las que mi teleordenador ofrece simulacros más atractivos y controlables resulten más tenues y frustrantes, y que yo sea *mucho* más dependiente de uno de mis muebles. Aumentar el número de opciones con una tecnología mejor no remediará absolutamente nada mientras en la cultura americana no se consideren con seriedad mecanismos de información acerca del valor comparativo y guías que orienten acerca de *cómo* y *por qué* elegir entre experiencias, fantasías, creencias y predilecciones. Hum, esa información y orientación solían estar entre las tareas de la literatura, ¿no es cierto? Pero ¿quién va a querer tomarse esas cosas en serio en la vida extática postelevisiva, cuando Kim Basinger está esperando que interactuemos con ella?

Dios mío, acabo de releer mis críticas a Gilder. He escrito que es ingenuo. Que es un apologeta disfrazado del interés corporativo. Que su libro tiene anuncios. Que debajo de su futurismo no hay más que el mismo rollo americano de siempre que nos metió en este jaleo de la televisión. Que Gilder subestima de forma descabellada la intratabilidad de dicho jaleo. Su irresolubilidad. Nuestra credulidad, nuestro cansancio y disgusto. Mi actitud, al leer a Gilder, ha sido sardónica, arrogante y deprimida. He intentado que su libro resulte ridículo (lo es, pero aun así). Mi lectura de Gilder ha sido televisiva. Estoy dentro del aura.

En fin, al menos el bueno de Gilder no es irónico. En este sentido es como una brisa fresca de verano al lado de Mark Leyner, el joven redactor de textos publicitarios médicos de New Jersey cuyo libro *My Cousin, My Gastroenterologist* es la sensación más fuerte para la modernez universitaria desde *El manantial*. La novela de Leyner ejemplifica una tercera clase de solución literaria a nuestro problema. Y es que por supuesto los jóvenes escritores americanos pueden «resolver» el problema de estar atrapados en el aura televisiva de la misma forma que los postestructuralistas franceses pueden «resolver» su enredo desesperado con el *logos*. Podemos resolver el problema celebrándolo. Trascender los sentimientos de angustia causados por la masa arrodillándonos ante ellos. Podemos ser *reverentemente irónicos*.

My Cousin, My Gastroenterologist no constituye una novedad como especie sino como grado. Es un compuesto mezedrínico de pastiche pop, alta tecnología improvisada y deslumbrante parodia televisiva, formado mediante yuxtaposiciones surrealistas, monólogos agramaticales y montajes vertiginosos, y envuelto en una ironía infatigable diseñada para lograr que su tono frenético resulte irreverente en lugar de repelente. ¿Quieren parodias de la cultura comercial?

> Me acababan de echar de McDonald's por negarme a llevar falda escocesa durante la semana de promoción de su nuevo sándwich McHaggis.

> coge un ejemplar de *das plumpe denken* la revista informativa en alemán con peor reputación de nueva inglaterra explosión en fábrica de natillas mata a un filatélico pasa página encuentran en ca-

nadá semen radiactivo que brilla en la oscuridad pasa página hotentotes actuales llevaban a un joven en envoltorio reutilizable para bocadillos pasa página wayne newton llama al útero materno jardín del edén individual morgan fairchild llama a sally struthers loni anderson

¿de qué color es tu mozzarella? le pregunté a la camarera es rosa, del mismo color que la parte de arriba del envase de los desodorantes en barra mennen lady, ¿conoces ese color? no, señora le dije es el mismo color que usan para las maquinillas gillete desechables para señoras… ¿te suena ese color? pues no, es el mismo color rosa que el pepto-bismol, ¿conoces ese color? ah, sí, le dije, y bueno, ¿tienes espaguetis?

¿Quieren parodias descarnadas de la televisión?

Muriel sacó la *Guía de TV*, buscó el martes a las 20.00 y leyó en voz alta: … Hay un programa que se titula «Tumulto de vello púbico y de penes flácidos bamboleantes mientras hombres desnudos, gordezuelos y sudorosos escapan de la sauna gritando ¡Una serpiente! ¡Una serpiente!»… También salen Brian Keith, Buddy Ebsen, Nipsey Russell y Lesley Ann Warren

¿Les gusta la autorreferencia humorística? El último capítulo de la novela es una parodia de su propia página de información «Sobre el autor». ¿O acaso lo que les gusta es la anulación sofisticada de la identidad?

La abuela enrolló una revista y golpeó a Buzz en un lado de la cabeza... A Buzz se le cayó la máscara. No tenía piel debajo de la máscara. Había dos globos oculares conectados con cables a una masa de musculatura viscosa y sanguinolenta.

No sé si es humana o un androide ginomórfico de quinta generación, ni me importa.

¿Las meditaciones paródicas sobre el flujo ilimitado de monocultura televisiva?

Agito una jarra de martini con Tanqueray con una mano y deslizo una bandeja de almejas heladas *oreganata* dentro del horno con el pie. ¡Caramba, qué buenos son estos supositorios de mezedrina que me dio el yogui Vithaldas! Mientras plancho unos pantalones cortos de tenis dicto un haiku a la grabadora y luego... me ejercito tres minutos con la bolsa de velocidad antes de hacer una mantis religiosa de origami y leer un artículo en la revista *High Fidelity* mientras remuevo el *coq au vin*.

¿La decadencia tanto de los límites como de la integridad del individuo humano?

Había una mujer con la cara hundida y arrugada de una vieja de ochenta o noventa años. Aquella vieja podrida, aquella aparente octogenaria, tenía el cuerpo de un nadador olímpico. Los brazos largos y nervudos, el poderoso torso superior en forma de V y sin una gota de grasa...

para instalar su cabeza de repuesto, coloque la cabeza montada sobre la abertura del cuello, inserte los pernos-guía en los orificios de soporte… si después de instalar su nueva cabeza es usted incapaz de discernir las contradicciones de los modos de producción capitalista, entonces es que la cabeza está mal instalada o bien es defectuosa.

En realidad, una de las obsesiones continuas de *My Cousin, My Gastroenterologist* es esta yuxtaposición de partes de individuos, gente y máquinas, sujetos humanos y objetos discretos. La narrativa de Leyner es, en este sentido, una réplica elocuente al vaticinio de Gilder de que los problemas de nuestra cultura televisiva pueden resolverse desmantelando las imágenes en porciones discretas que luego podemos recombinar como deseemos. El mundo de Leyner es una distopía gilderiana. La pasividad y la decadencia esquizoide persisten para Leyner en las recepciones de imágenes y olas de datos que llevan a cabo sus personajes. La capacidad de *combinarlas* solamente añade una capa de desorientación: cuando toda la experiencia se puede deconstruir y reconfigurar, simplemente habrá demasiadas opciones. Y en ausencia de guías creíbles y no comerciales para vivir, la libertad de elección resulta tan «liberadora» como un mal viaje de ácido: cada uno de los cuantos es tan bueno como el siguiente y el único criterio de calidad de un constructo particular es su extrañeza, su incongruencia, su capacidad para destacar entre una multitud de otros constructos de imágenes y dejar pasmados a algunos espectadores.

La propia novela de Leyner, con su ansia anfeta-mínica de dejar pasmado al lector, marca la frontera oscura de la narrativa de la imagen: la absorción por parte de la literatura no solamente de los iconos, las técnicas y los fenómenos de la televisión, sino de todo el objetivo de la televisión. La única meta de *My Cousin, My Gastroenterologist* es, en última instan-cia, dejar *pasmado*, asegurarse de que el lector está complacido y sigue leyendo. El libro hace esto *a*) ha-lagando al lector con apelaciones a su *Weltschmerz* posmoderna y erudita, y *b*) recordando de forma incesante al lector que el autor es inteligente y gra-cioso. El libro en sí resulta extremadamente gracio-so, pero no gracioso del mismo modo que los chistes. No es que pase ninguna cosa graciosa, sino que se imaginan y se señalan de forma autoconsciente cosas graciosas, como cuando un cómico pregunta «¿Se han fijado alguna vez en que...?» y «¿Alguna vez se han preguntado qué pasaría si...?».

En realidad, el denso estilo imaginista de Leyner a menudo se parece a una especie de comedia lapi-daria de micrófono:

De pronto Bob ya no podía hablar bien. Había su-frido una especie de afasia espontánea. Pero no era una afasia total. Podía hablar pero solamente de una forma entrecortada parecida al estilo de la tele-visión. Así es como describía conducir por el Medio Oeste por la interestatal 80: «Maíz maíz maíz maíz cobertizos. Maíz maíz maíz maíz cobertizos».

hay un bar en la autopista que sirve casi exclusiva-mente a las autoridades y que no sirve más bebidas

que cerveza light y no sirve más comida que terne-
ra con langosta y el sitio está lleno de polis y agentes del estado y profesores de gimnasia y boinas
verdes y empleados de peaje y guardabosques y
guardias de tráfico y árbitros

La respuesta narrativa de Leyner a la televisión
no es tanto una novela como una colección de pro-
sa televisiva ingeniosa, erudita y de una calidad
magnífica. La velocidad y la nitidez reemplazan al
desarrollo. La gente aparece y desaparece; los acon-
tecimientos tienen lugar con estridencia y ya no se
vuelven a mencionar. Hay un rechazo descarada-
mente irreverente de conceptos «pasados de moda»,
como la trama coherente o los personajes durade-
ros. En cambio, hay una serie de viñetas paródicas
deslumbrantemente creativas, diseñadas para ape-
lar a los cuarenta y cinco segundos de concentra-
ción casi zen que llamamos el lapso de atención
televisiva. En ausencia de trama, lo que unifica las
viñetas son estados de ánimo: la ansiedad histrió-
nica, la parálisis causada por el estímulo excesivo
de demasiadas opciones sin manual del usuario y
el desparpajo irreverente hacia la realidad televisiva. Y, a la manera de las películas, los vídeos musicales, los sueños y los programas de televisión,
hay «Imágenes Clave» recurrentes, que aquí son
drogas exóticas, tecnologías exóticas, comidas
exóticas y trastornos intestinales exóticos. No es
casualidad que la preocupación central de *My Cousin, My Gastroenterologist* sea la digestión y la
evacuación. El reto burlón que plantea al lector es
el mismo que plantea el flujo televisivo de realida-

des y opciones: ABSÓRBEME, DEMUESTRA QUE ERES LO BASTANTE CONSUMIDOR.

La obra de Leyner, la mejor narrativa de la imagen que ha habido hasta el momento, es al mismo tiempo asombrosa y olvidable, maravillosa y extrañamente banal. He decidido terminar demorándome en ella porque, gracias a su genial reabsorción de los mismos rasgos que la tele ha absorbido del arte posmoderno, el libro de Leyner parece la unión definitiva de la narrativa y la televisión americanas. También parece proporcionar un remedio simple a los aprietos de la narrativa de la imagen: lo mejor que el subgénero ha producido hasta la fecha es hilarante, ofensivo, sofisticado y extremadamente banal: condenado a la banalidad por su deseo de ridiculizar una cultura televisiva cuya burla de sí misma y de todo valor ya absorbe cualquier ridiculización. El intento que lleva a cabo Leyner de «responder» a la televisión mediante la genuflexión irónica queda fácilmente subsumido por el viejo ritual televisivo de la falsa veneración. Queda muerto en la página.

Es del todo posible que mis quejas plañideras por la imposibilidad de rebelarse contra un aura que promueve y corrompe cualquier rebelión digan más acerca de mi residencia en el aura que sobre el aura en sí misma, más sobre mi propia falta de visión que sobre ningún agotamiento de las posibilidades de la narrativa americana. Los próximos «rebeldes» literarios verdaderos de este país podrían muy bien surgir como una extraña banda de antirrebeldes, mirones natos que, de alguna forma, se atrevan a retirarse de la mirada irónica, que realmente tengan el descaro infantil de promover y ejecutar principios carentes de dobles sentidos. Que traten de los viejos problemas y emociones pasados de moda de la vida americana con reverencia y convicción. Que se abstengan de la autoconsciencia y el tedio sofisticado. Por supuesto, estos antirrebeldes quedarían pasados de moda antes de empezar. Muertos en la página. Demasiado sinceros. Claramente reprimidos. Anticuados, retrógrados, ingenuos, anacrónicos. Quizá se trate de eso. Quizá esa es la razón de que vayan a ser los próximos rebeldes verdaderos. Los rebeldes verdaderos, por lo que yo sé, se arriesgan a ser desaprobados. Los viejos rebeldes posmodernos se expusieron a los chillidos de asco: al horror, al disgusto, al escándalo, la censura, las acusaciones de socialismo, anarquismo y nihilismo. Los riesgos actuales son distintos. Los nuevos rebeldes pueden ser artistas que se expongan al bostezo, a los ojos en blanco, a la sonrisita de suficiencia, al golpecito en las costillas, a la parodia de los ironistas y al «Oh, qué banal». A las acusaciones de sentimentalismo y melodrama. De exceso de credulidad. De blandura. De dejarse embaucar de buena gana por un mundo de mirones y seres acechantes que temen al miedo y al ridículo más que al encarcelamiento sumario. Quién sabe. Los narradores actuales más cotizados parecen una especie de final del final de la línea. Supongo que eso comporta que cada cual ha de sacar sus conclusiones. Tiene que sacarlas. ¿Se sienten ustedes inmensamente complacidos?

1990